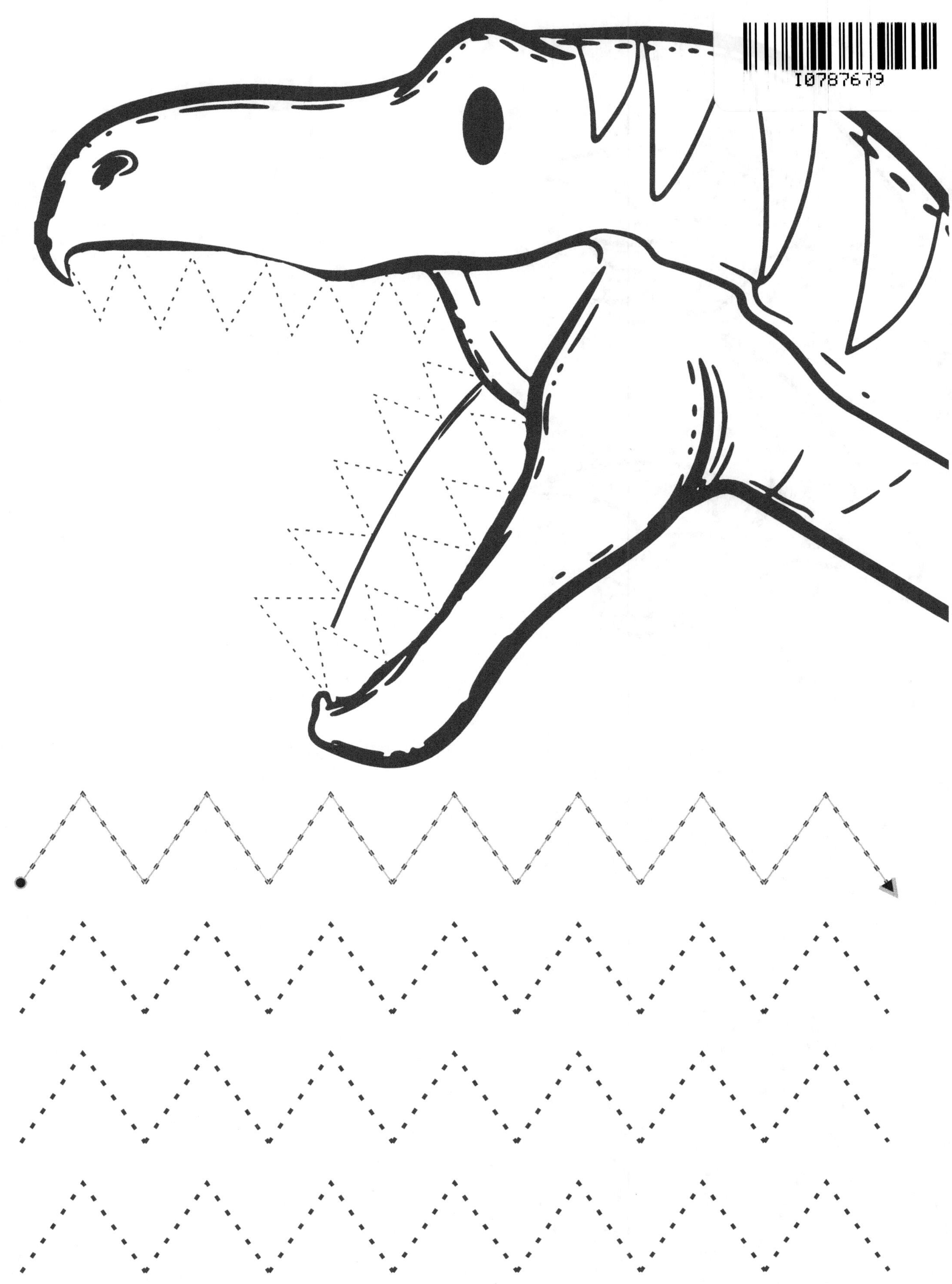
I0787679

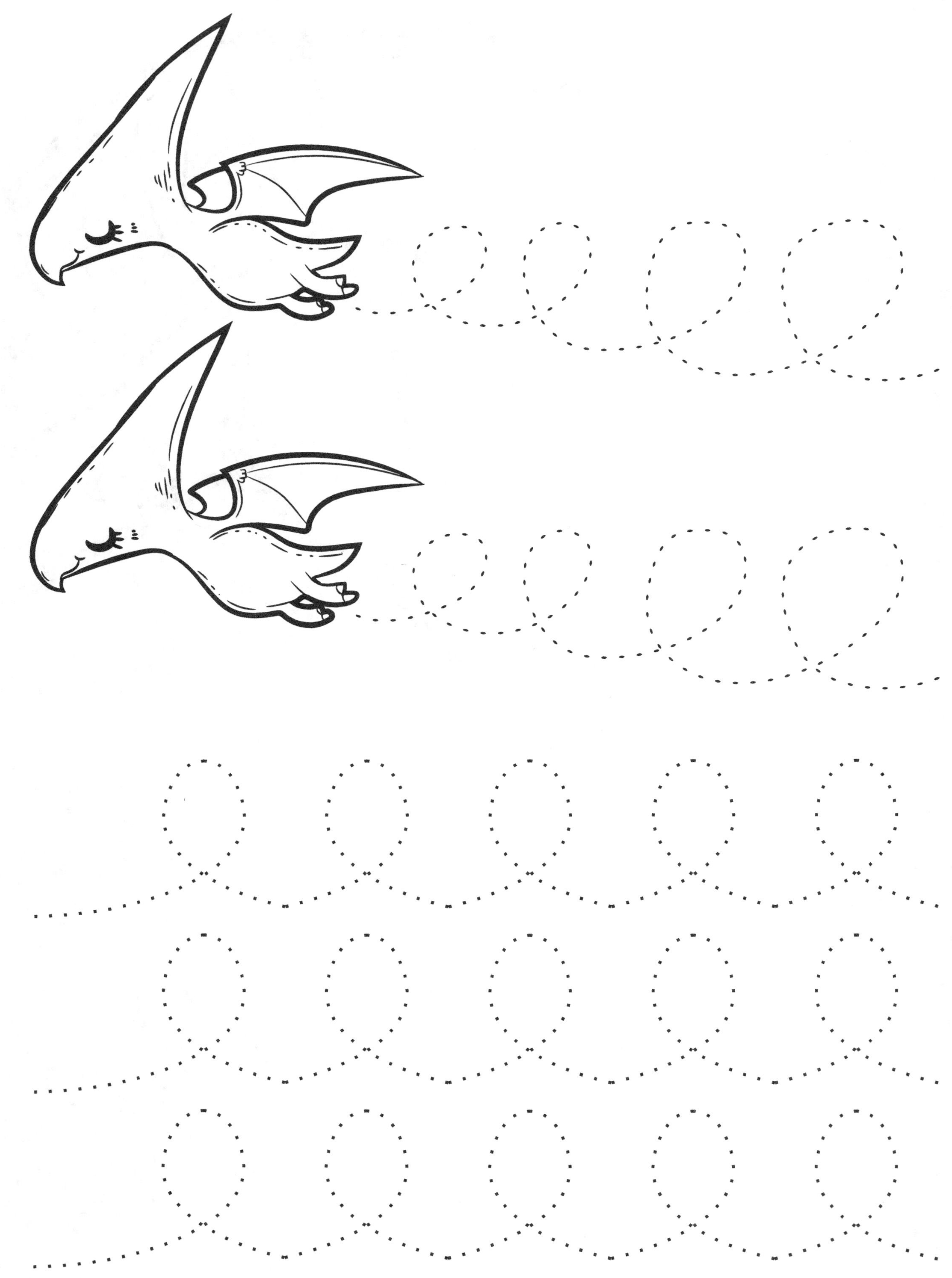

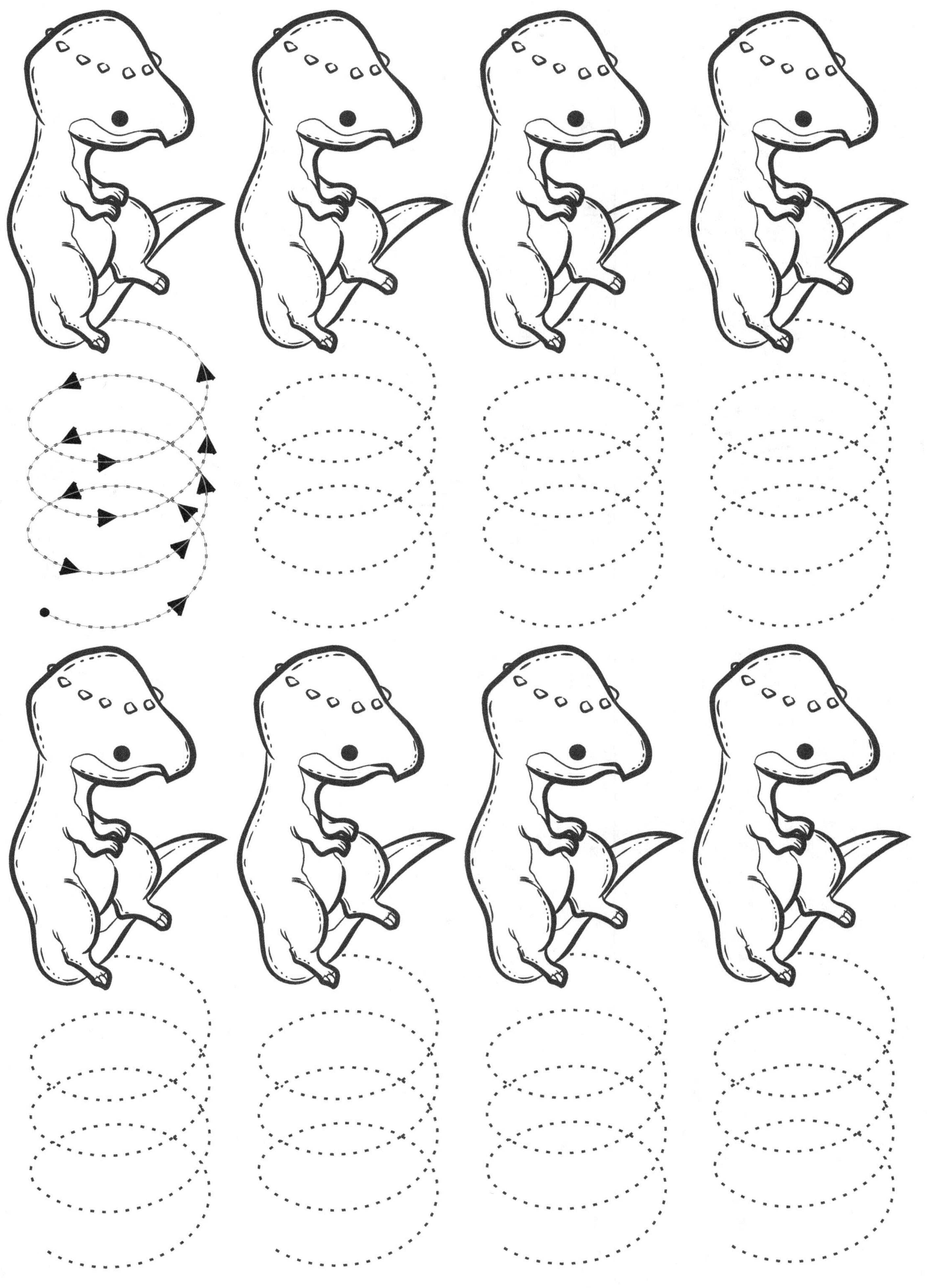

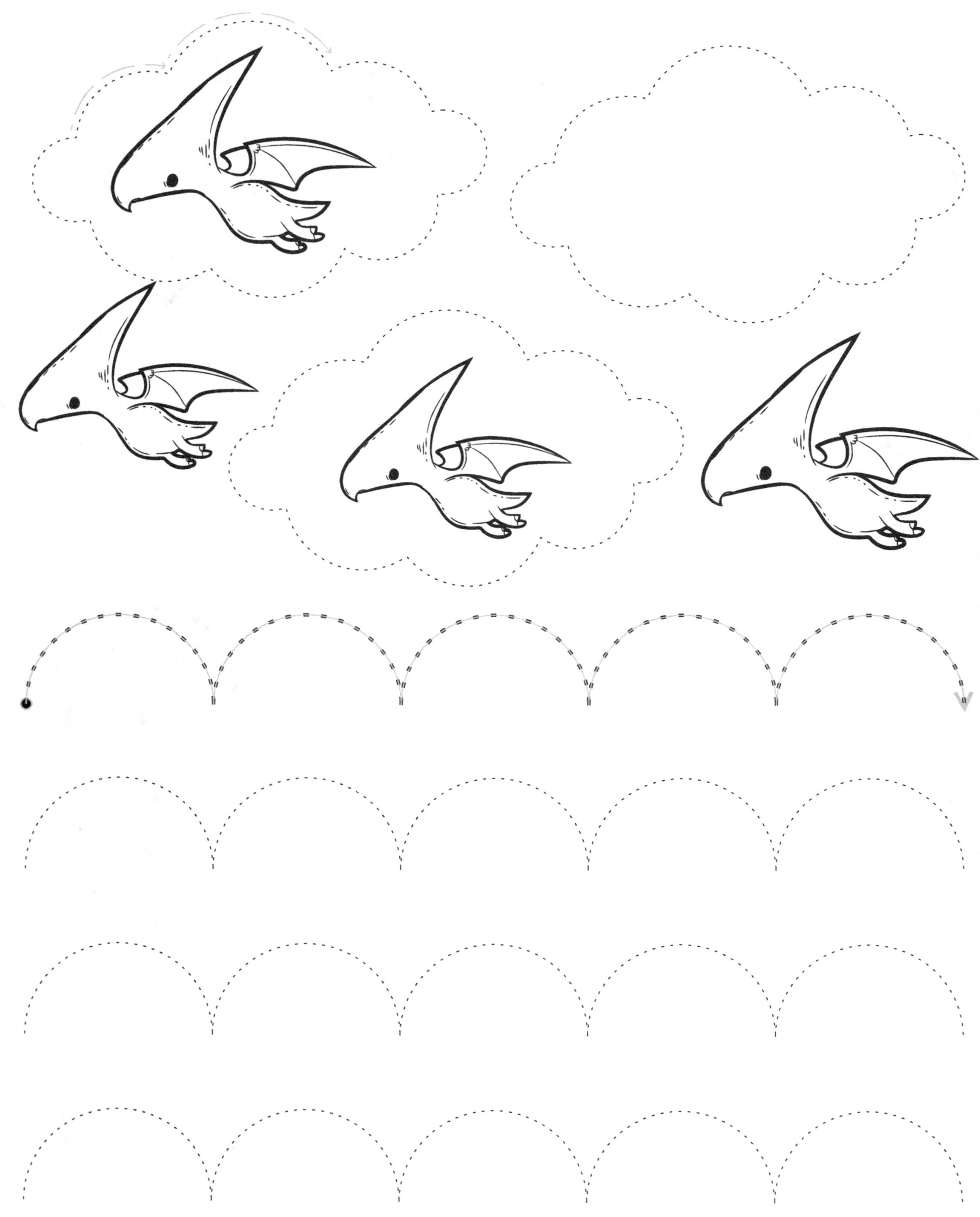

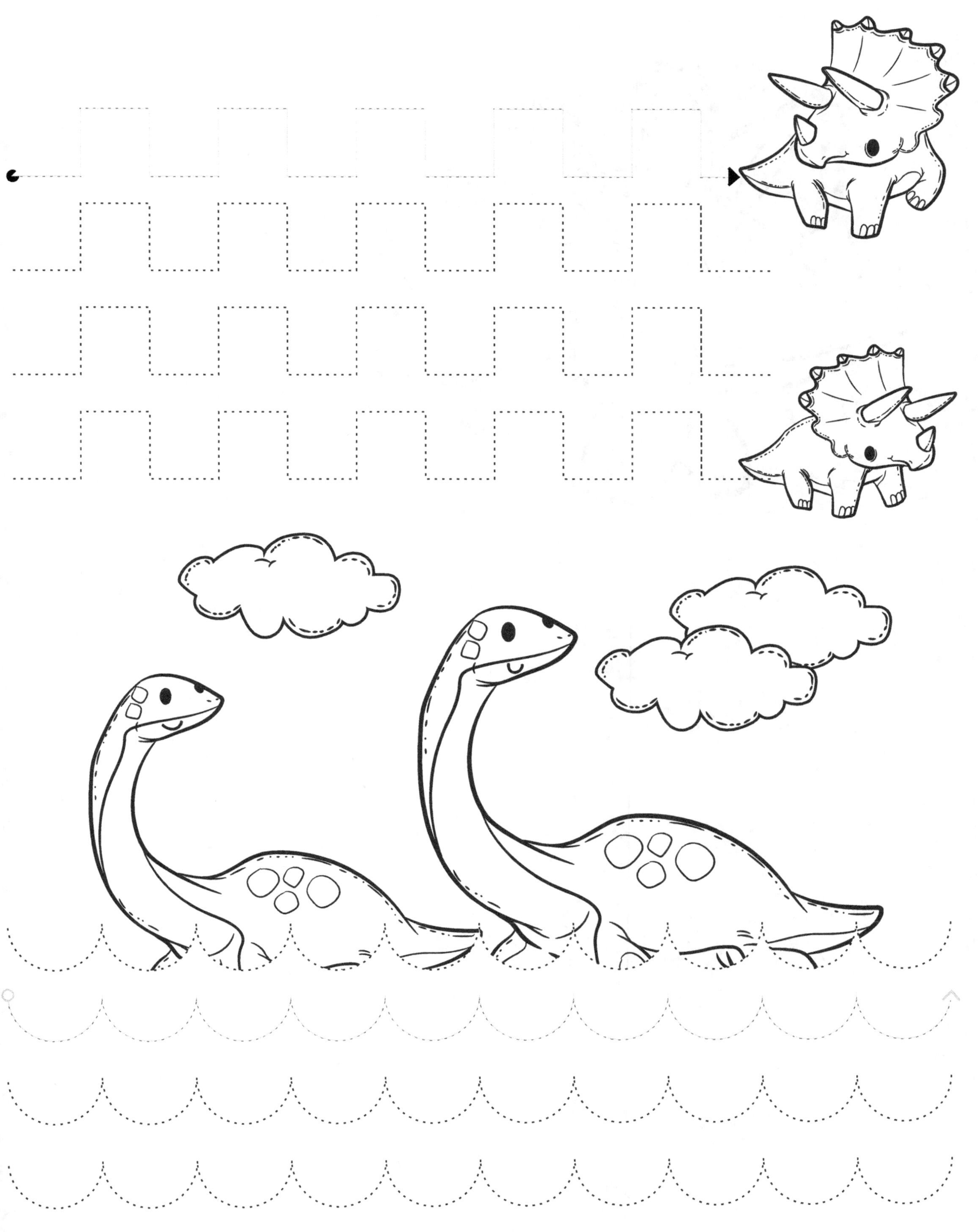

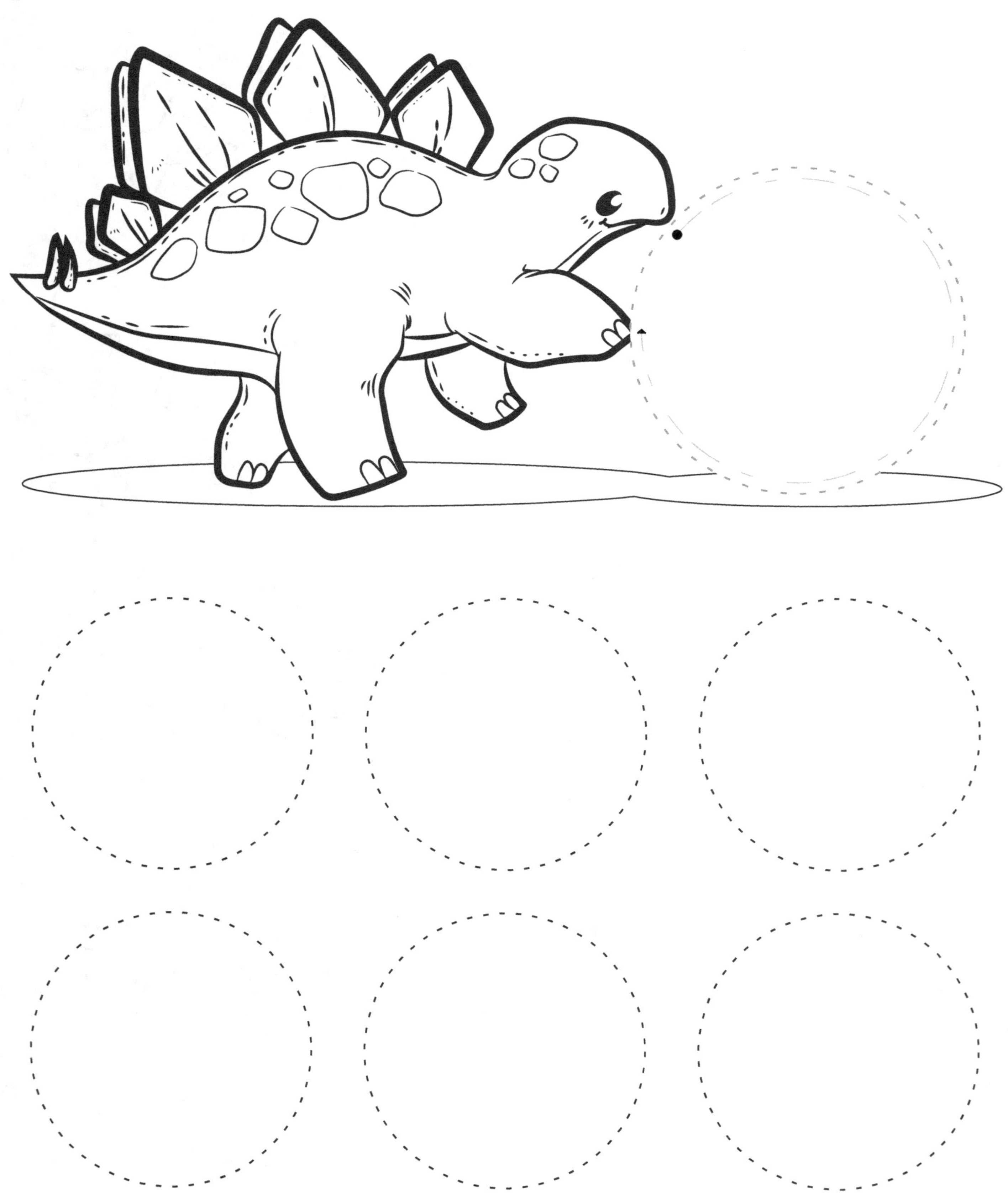

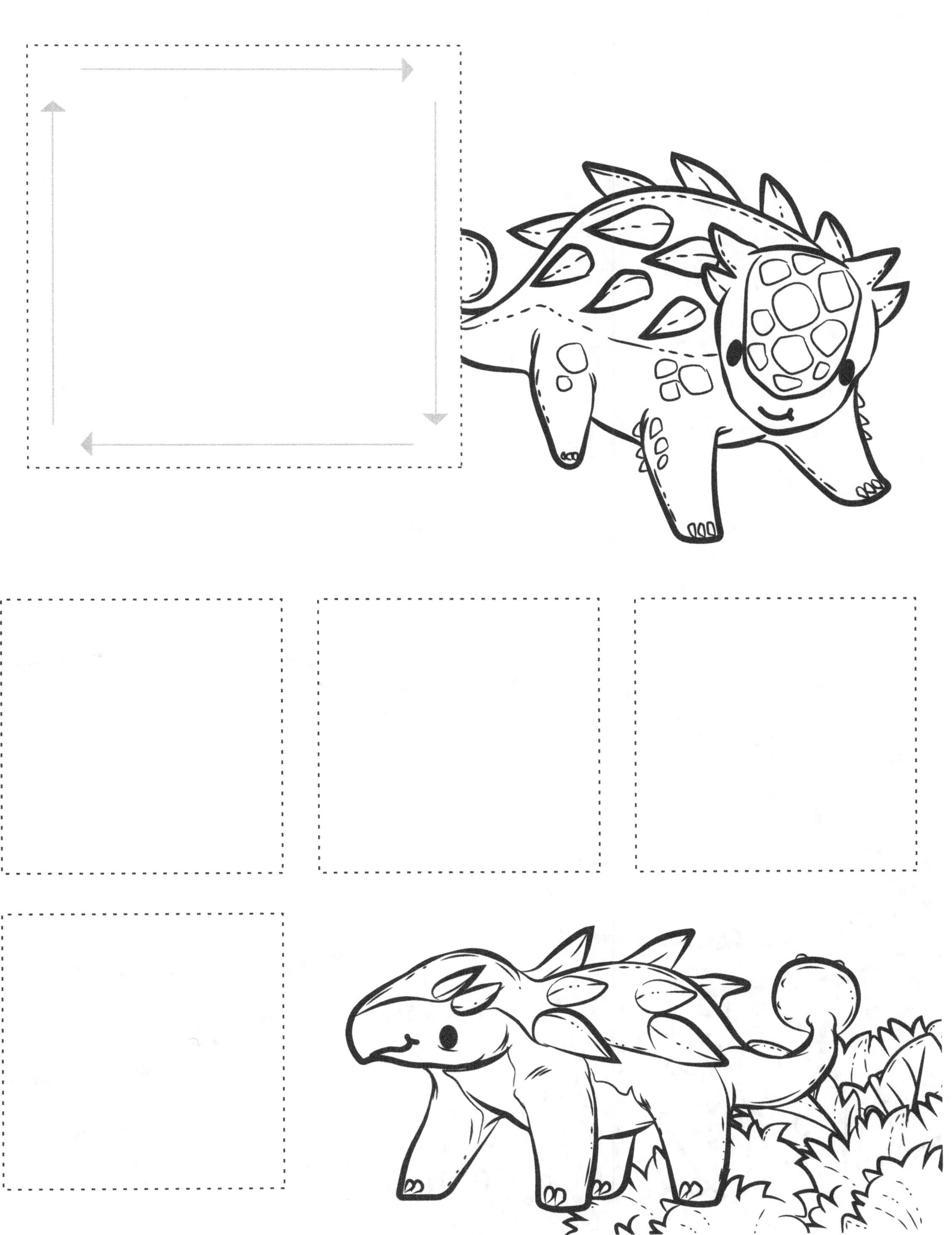

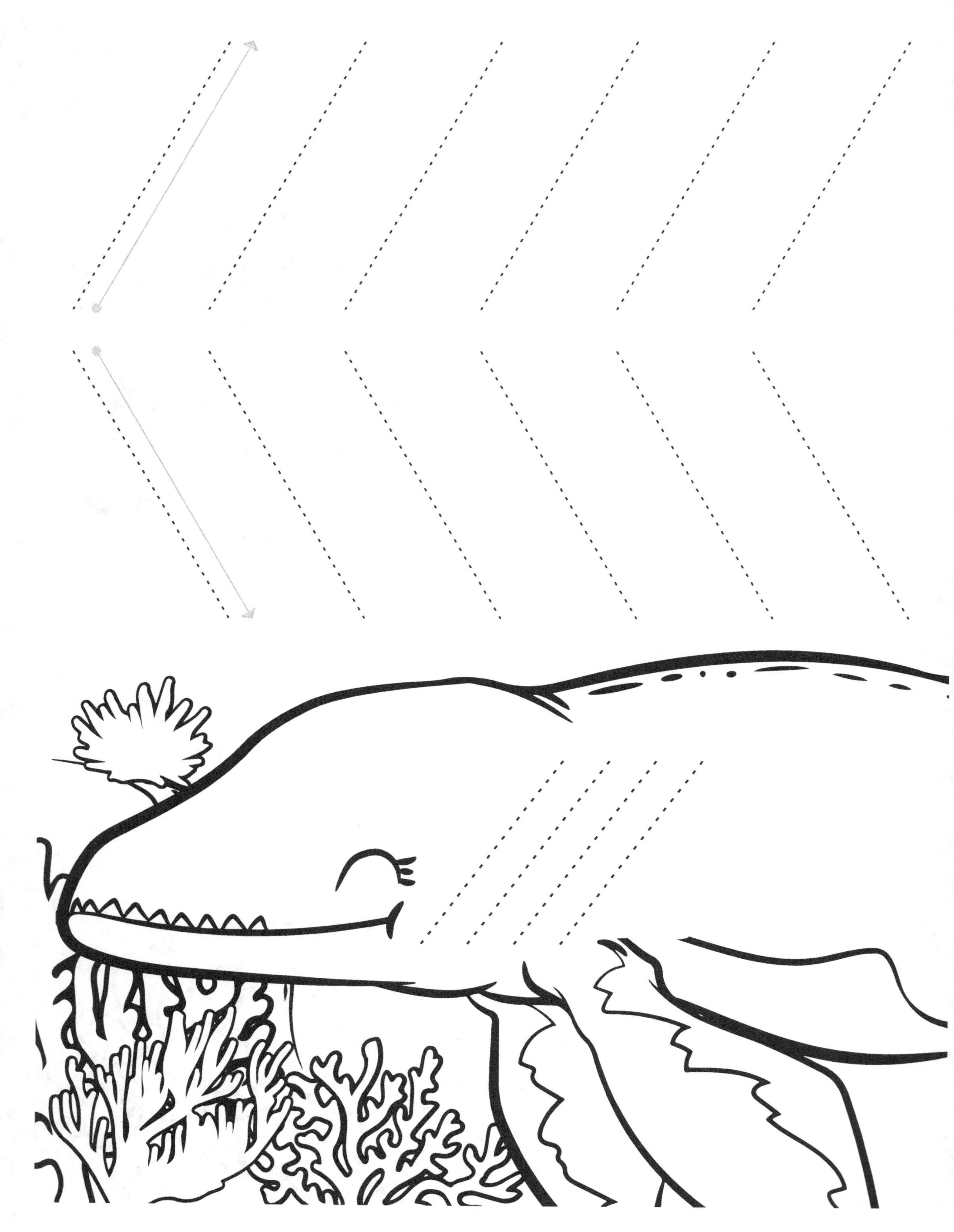

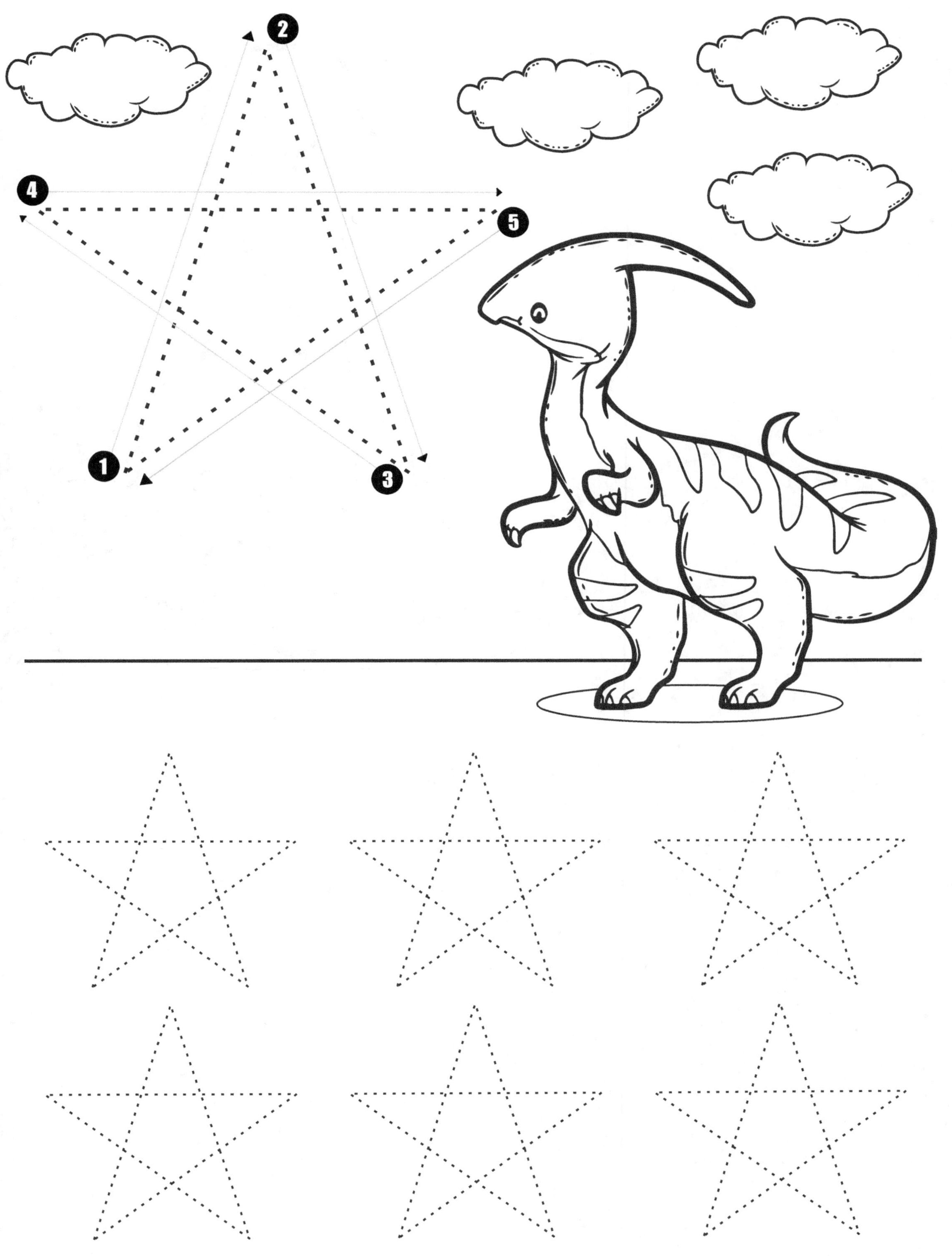

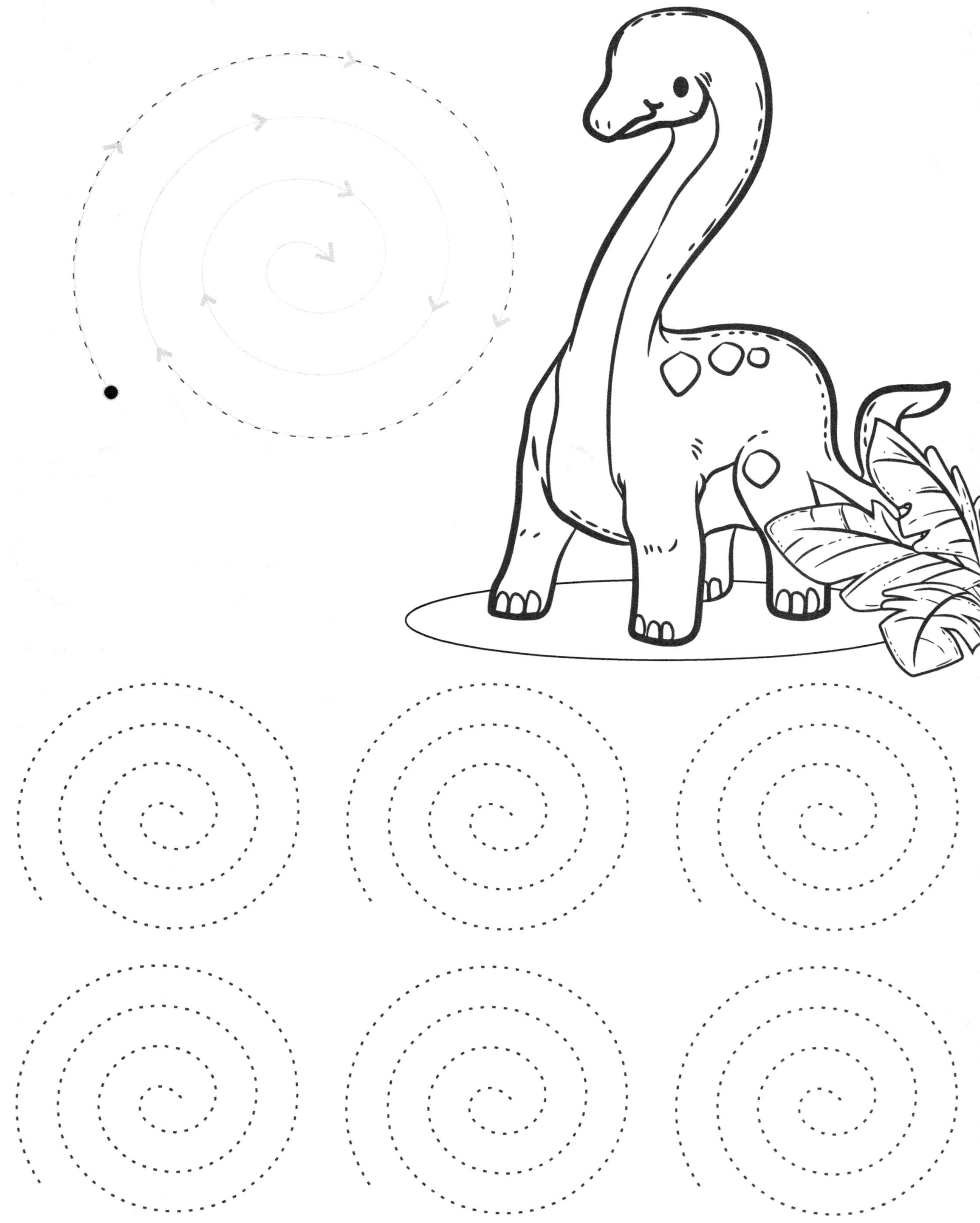

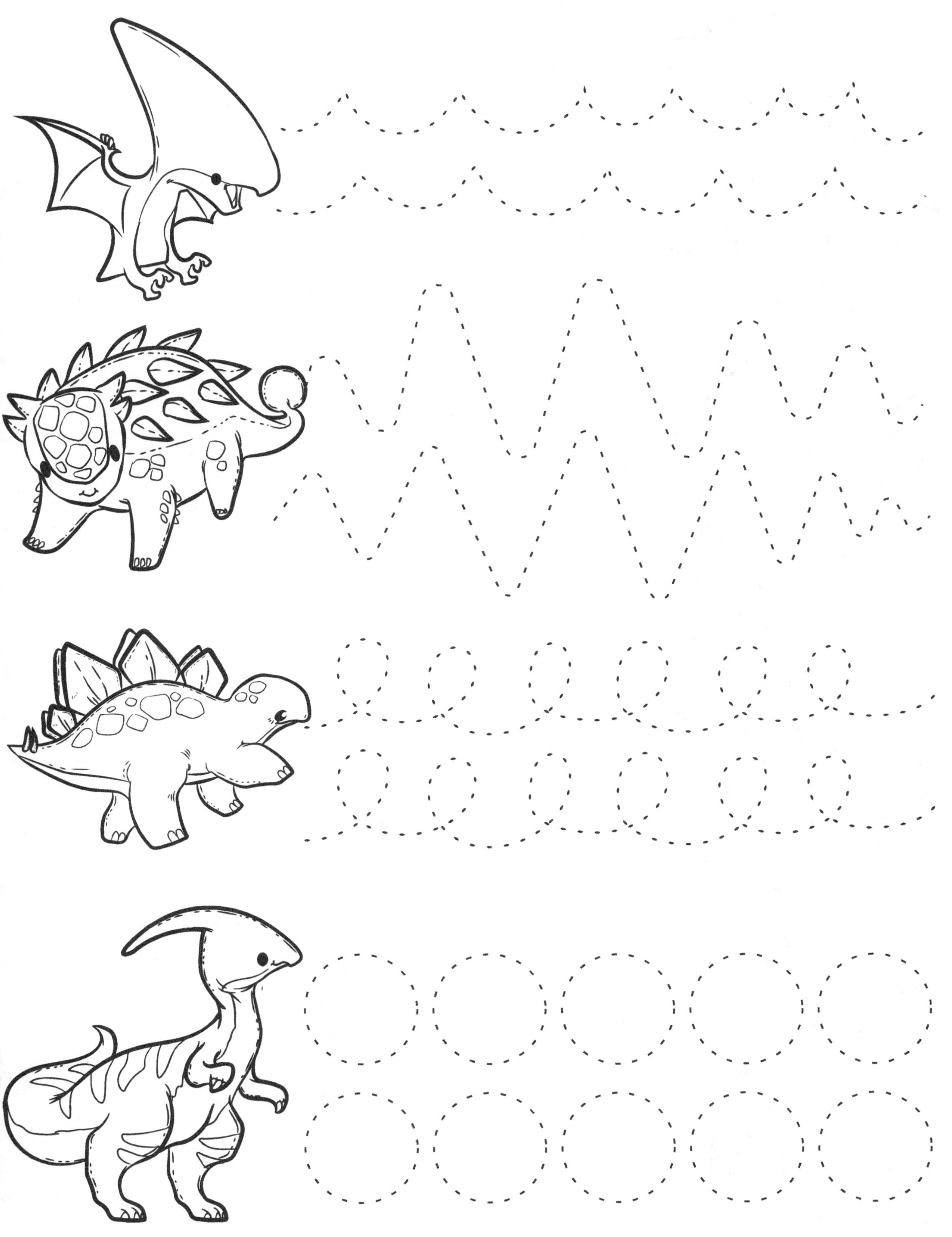

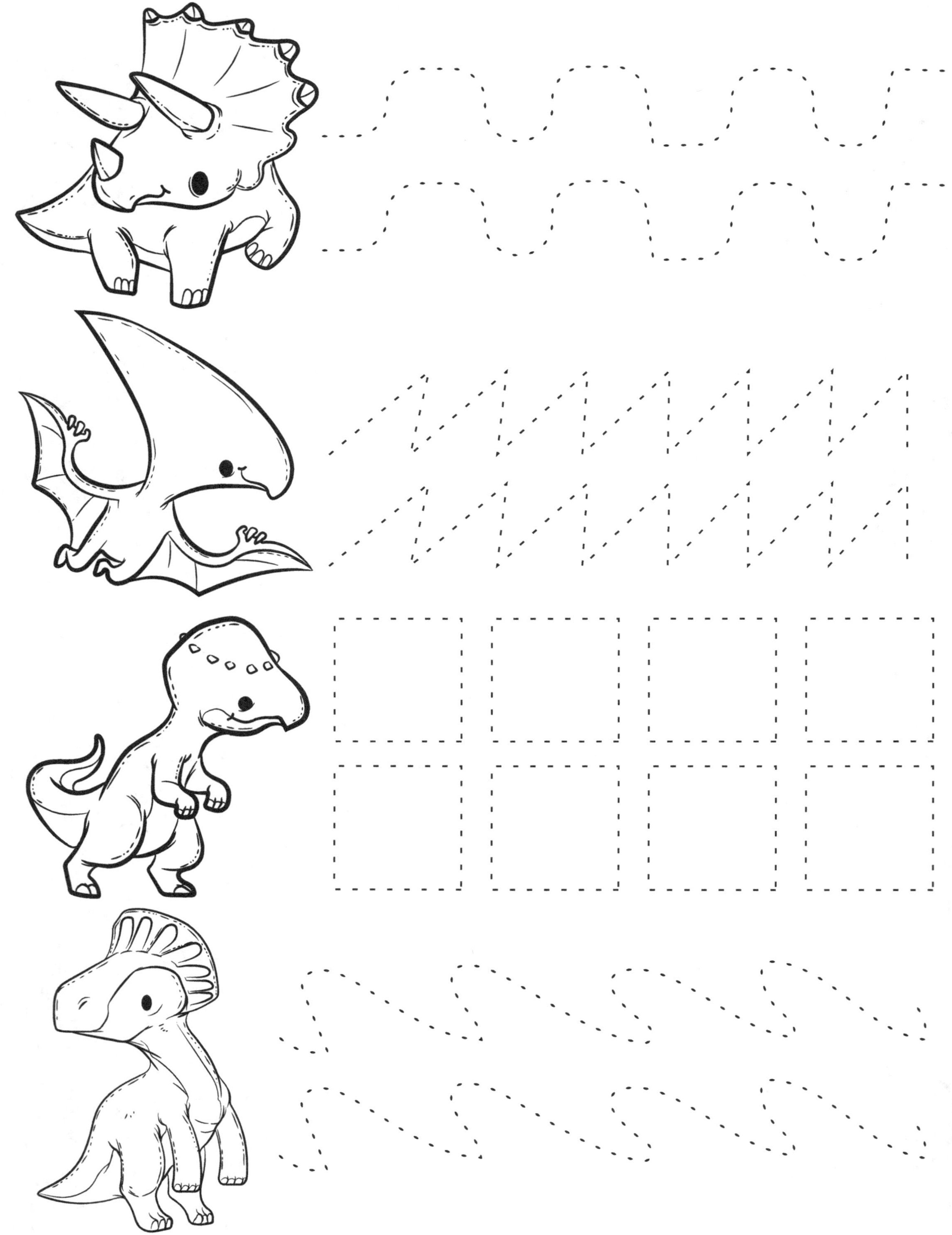

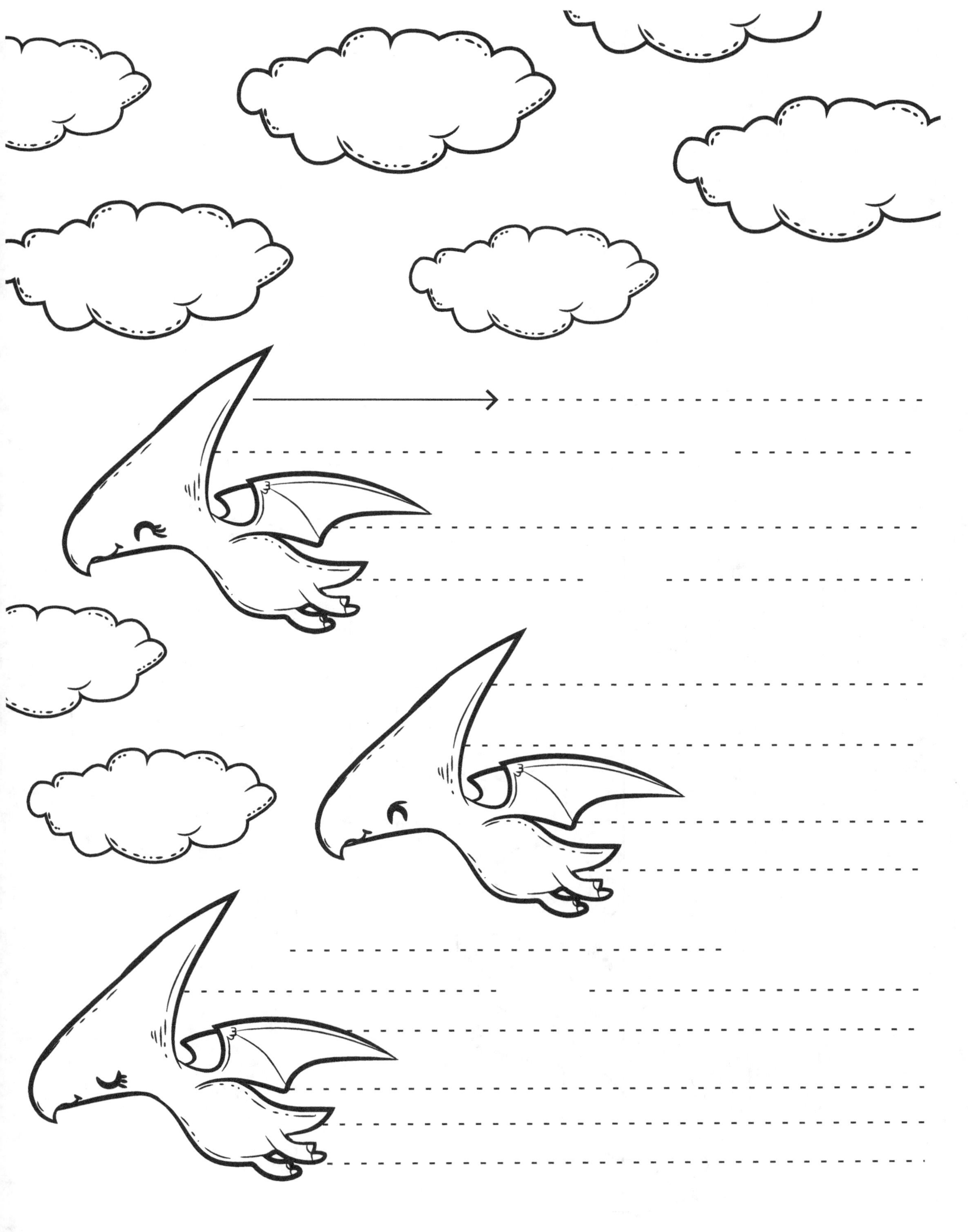

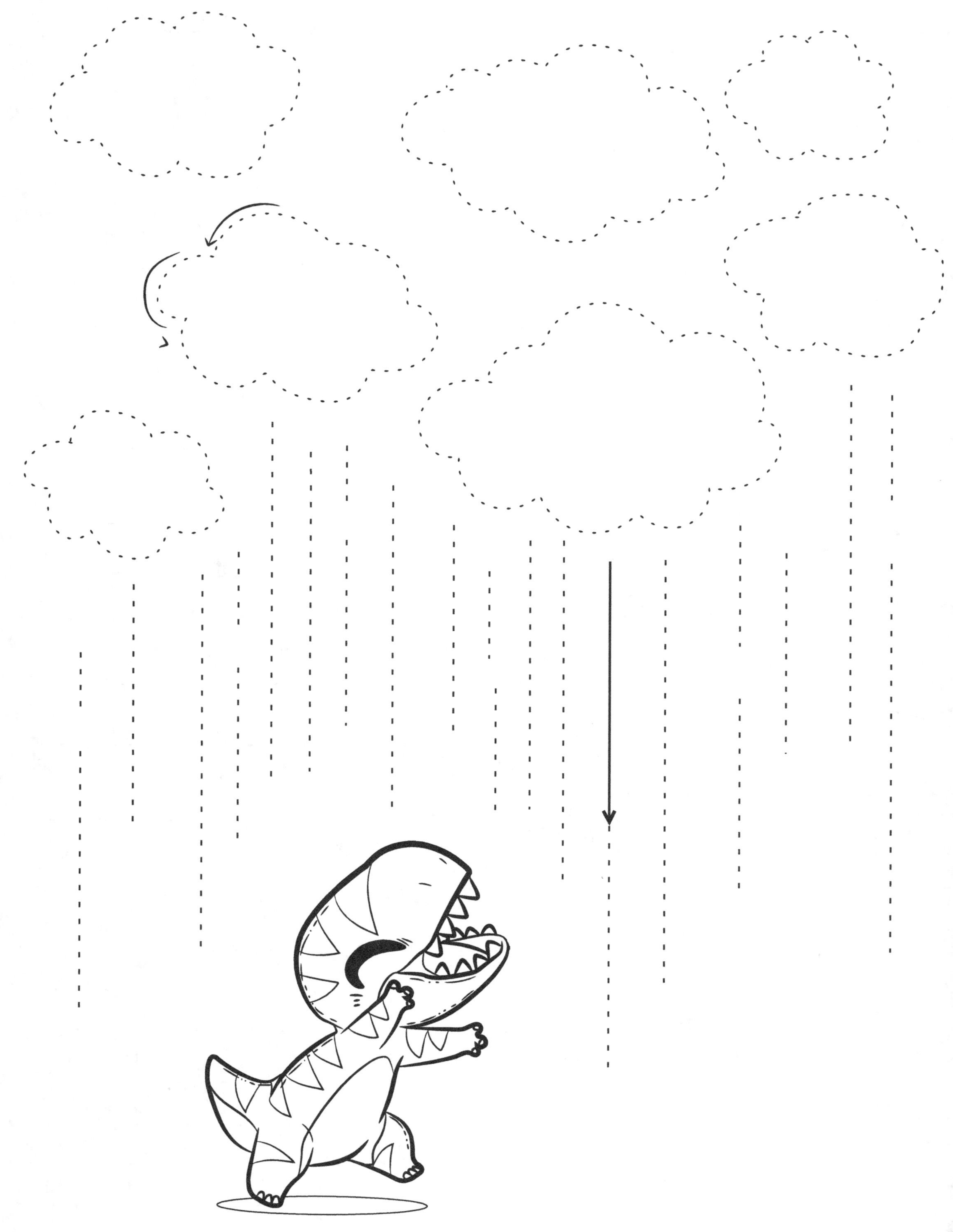

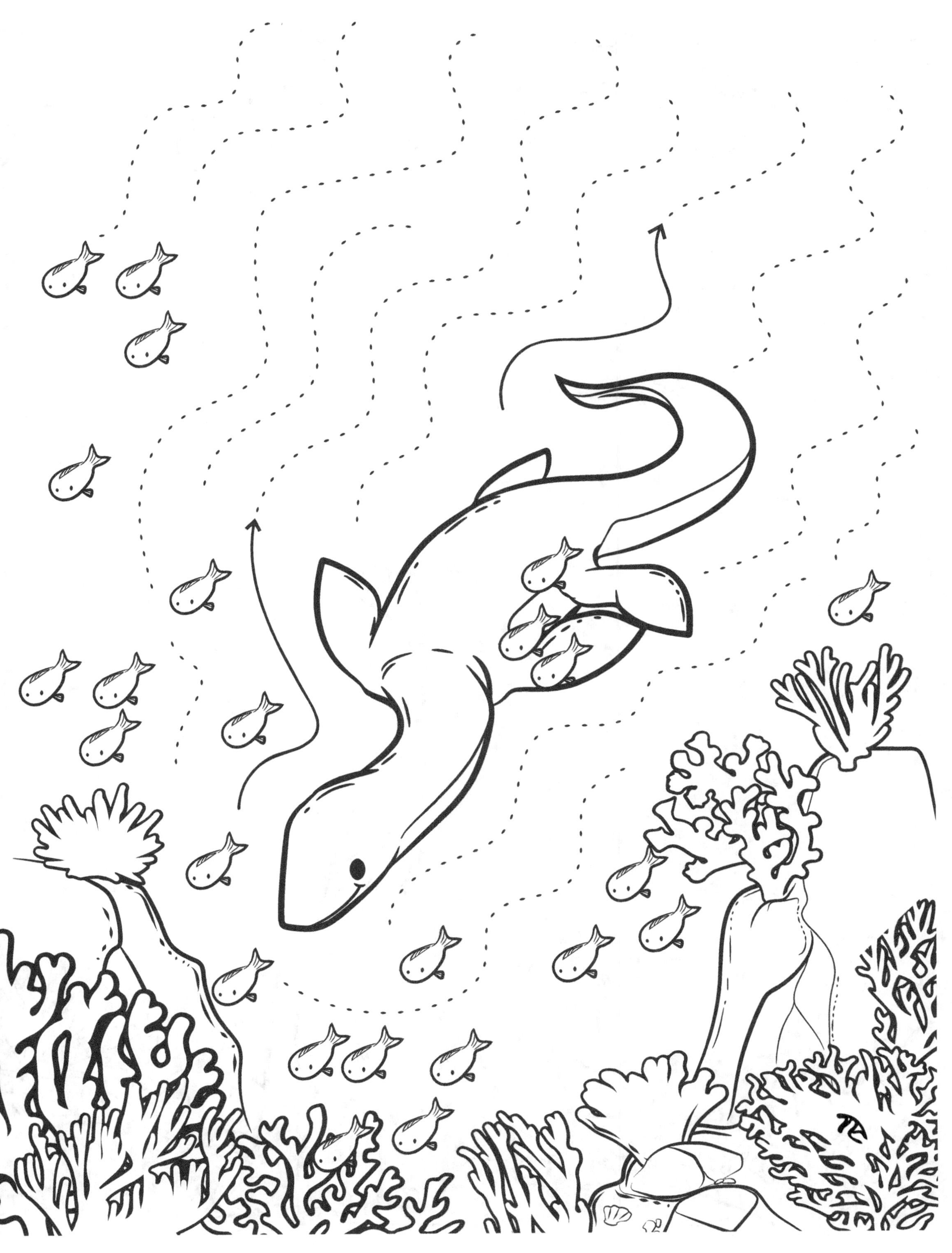

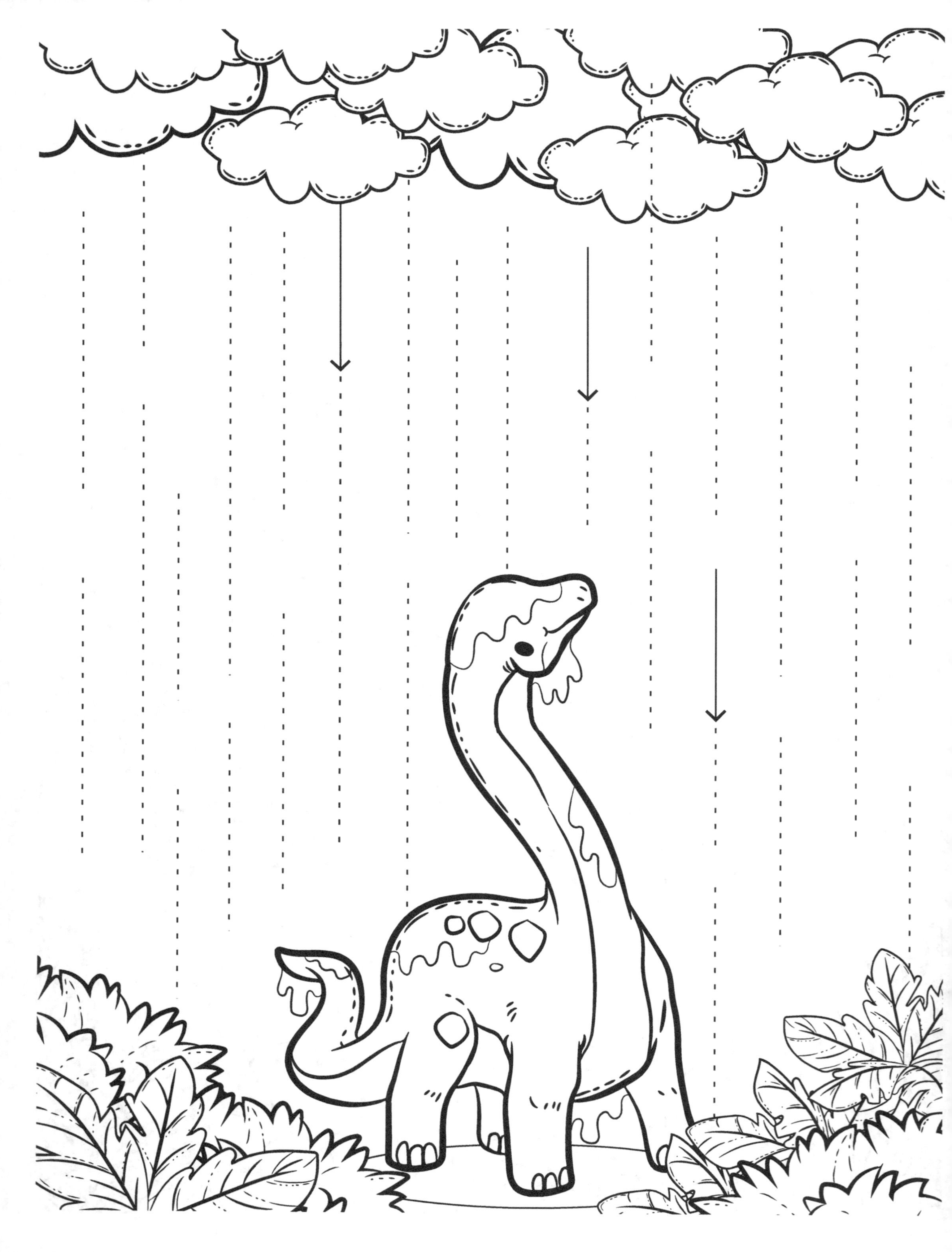

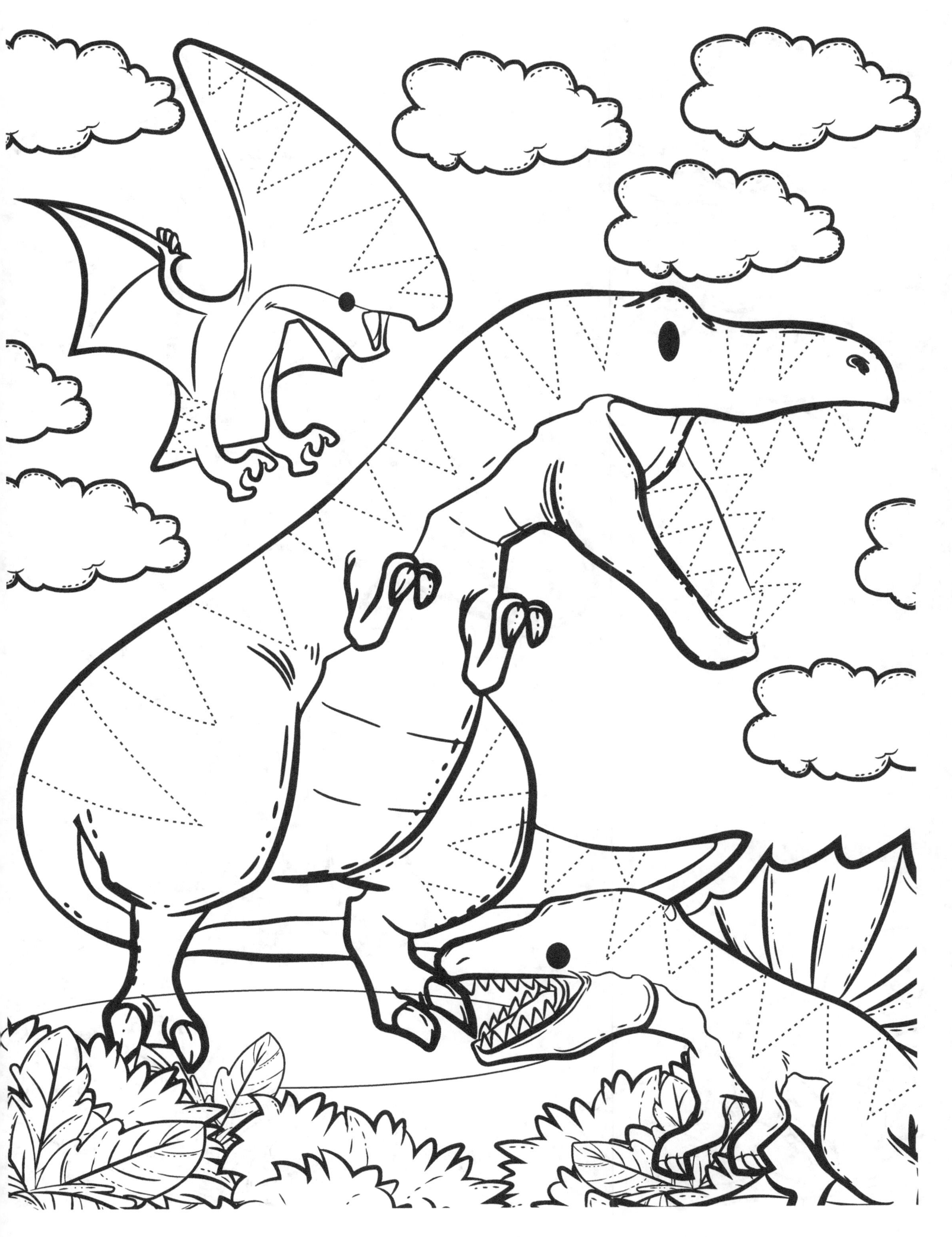

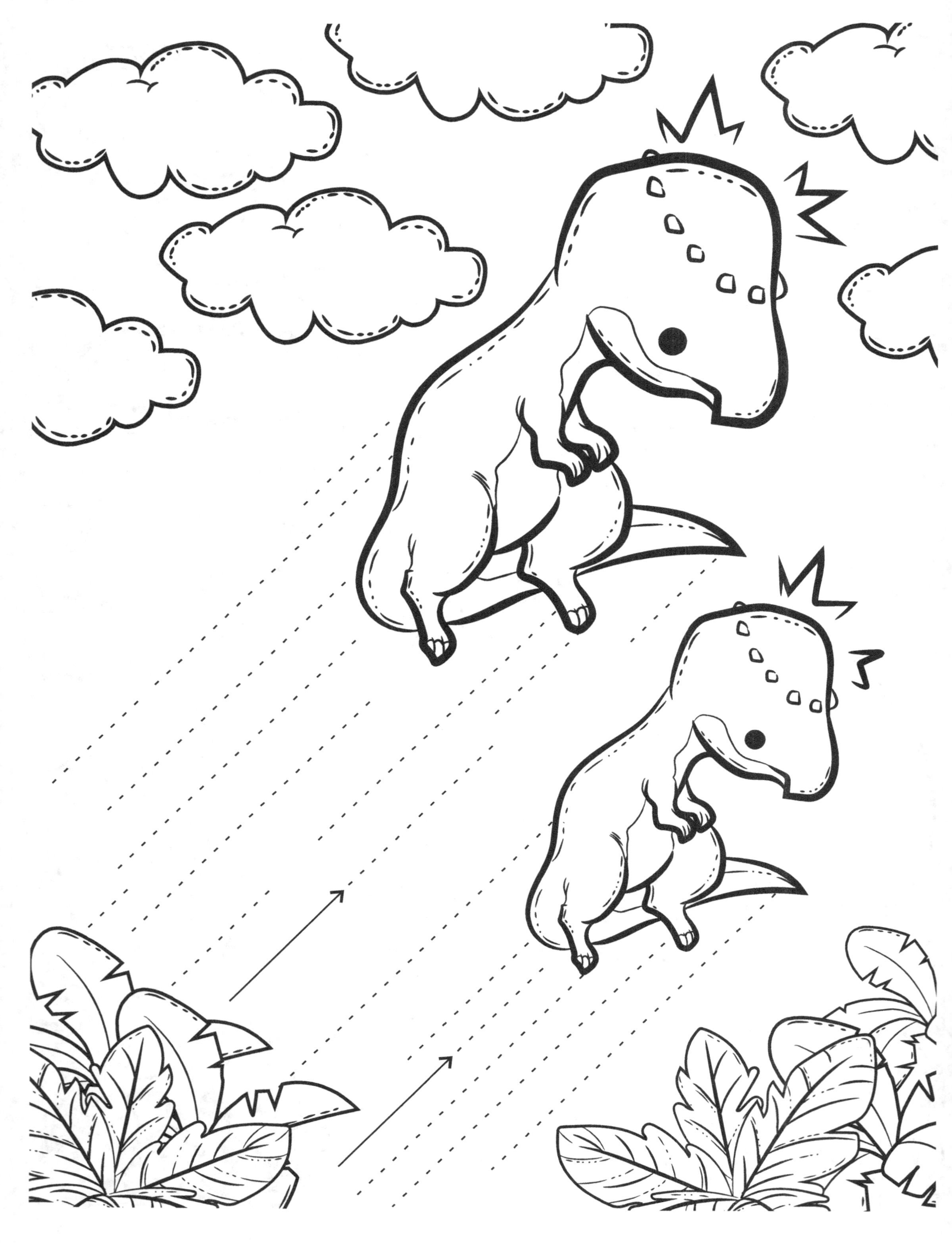

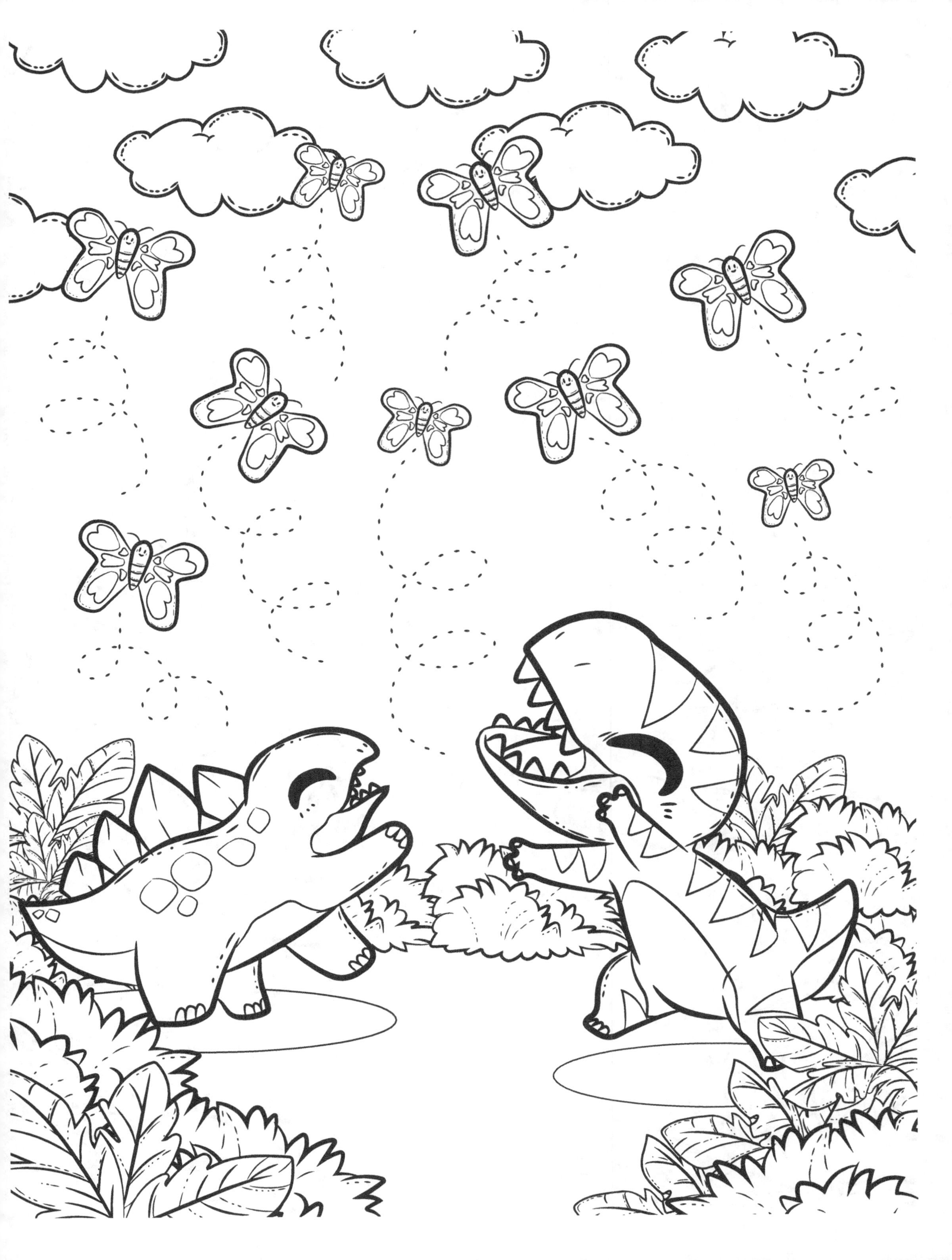

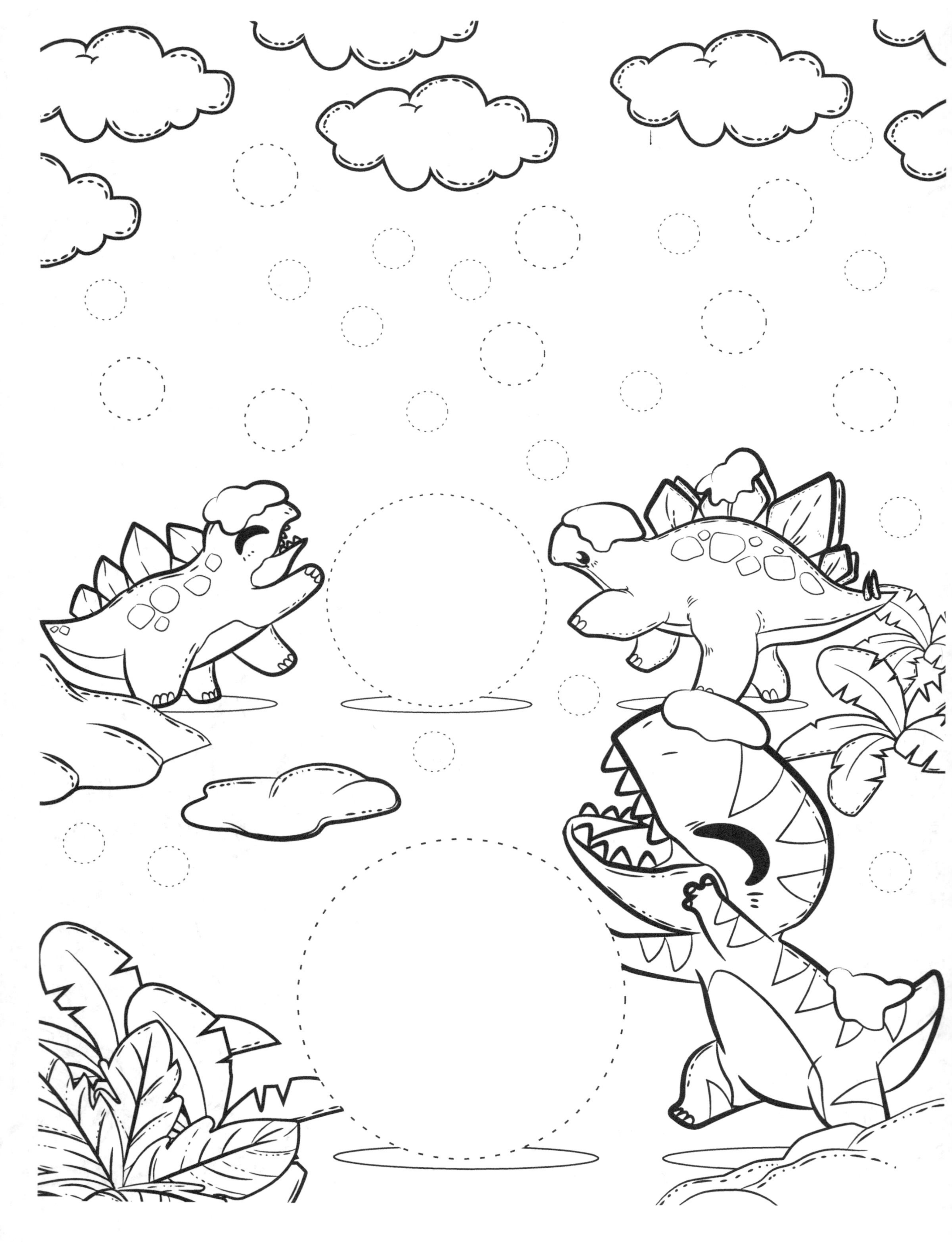

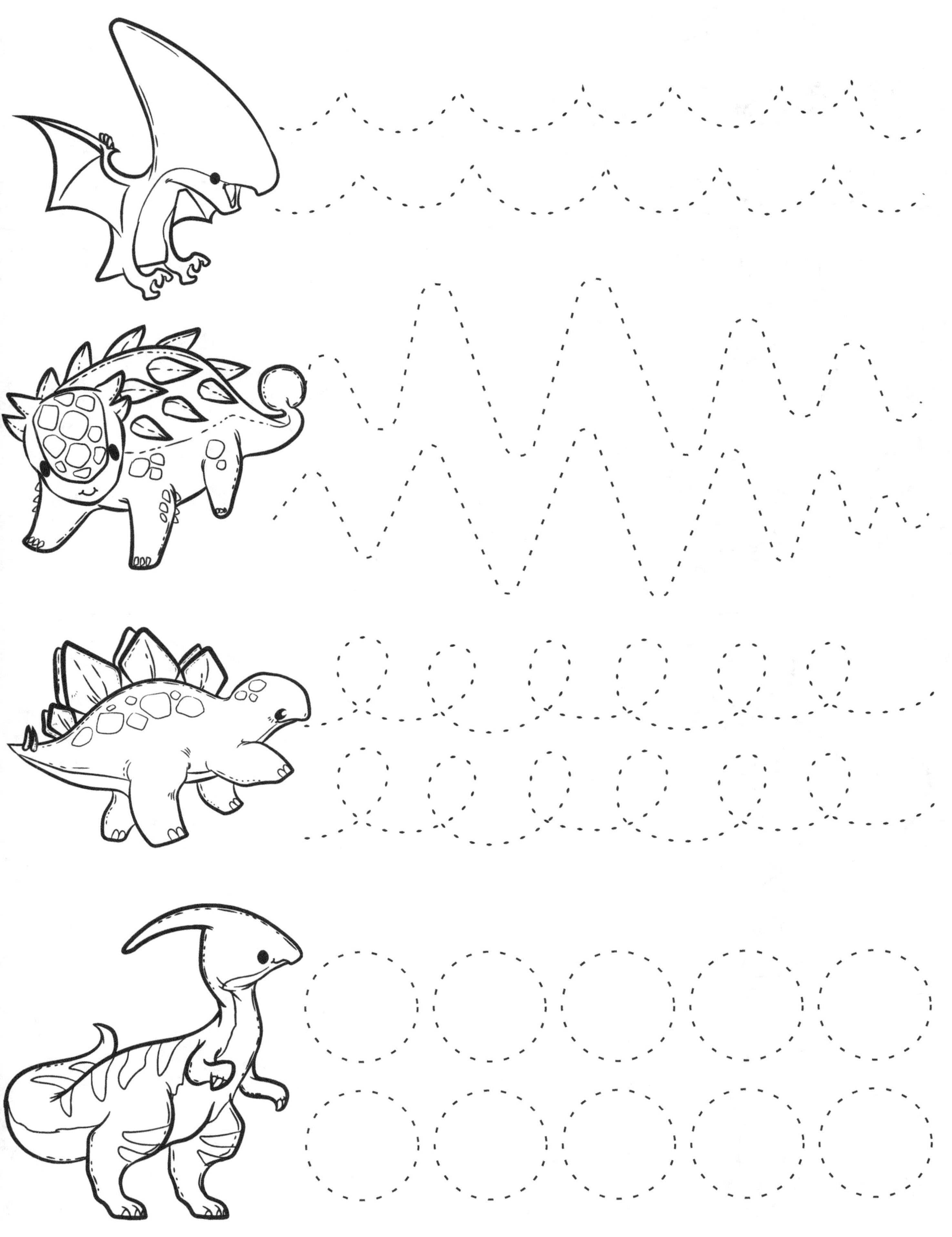

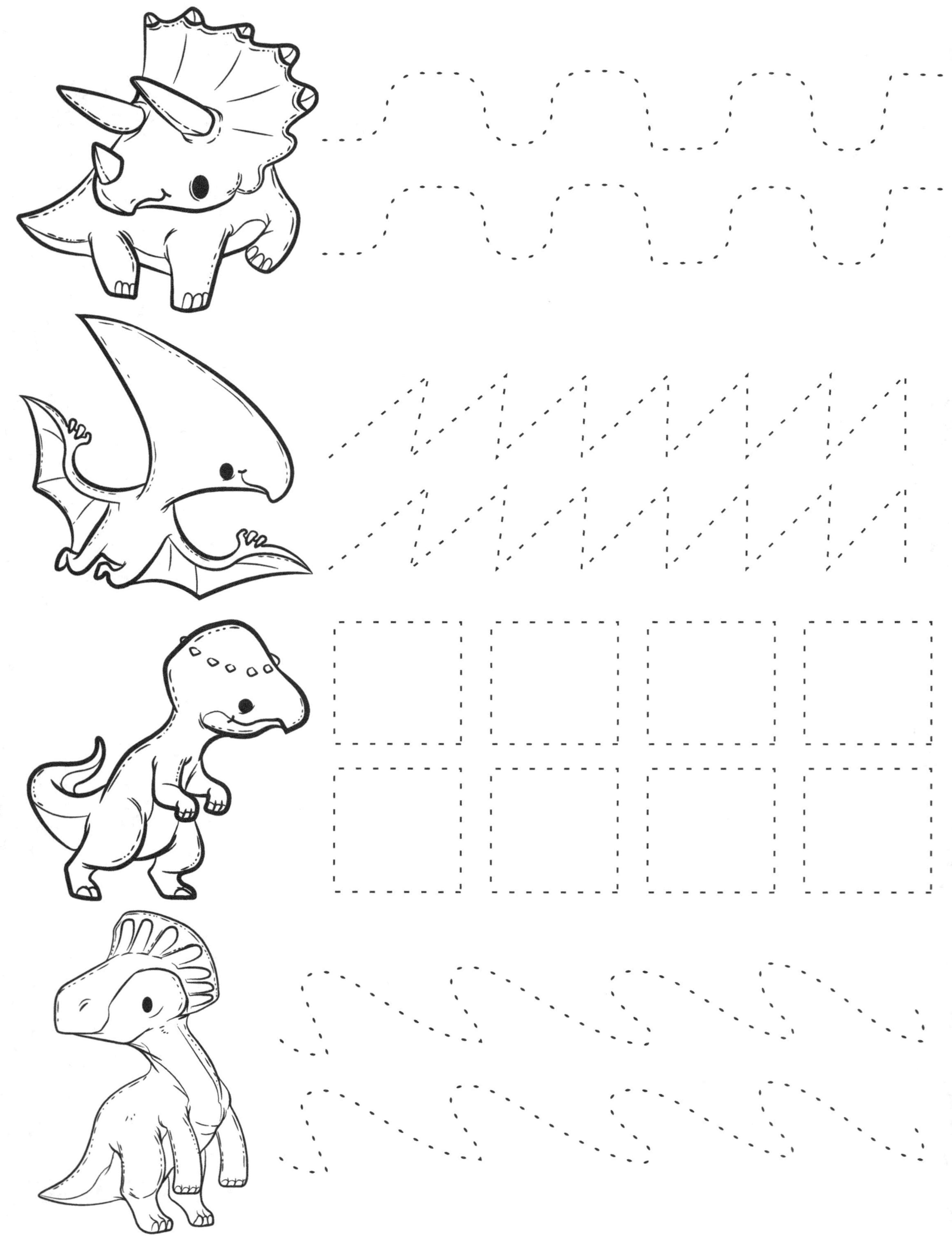

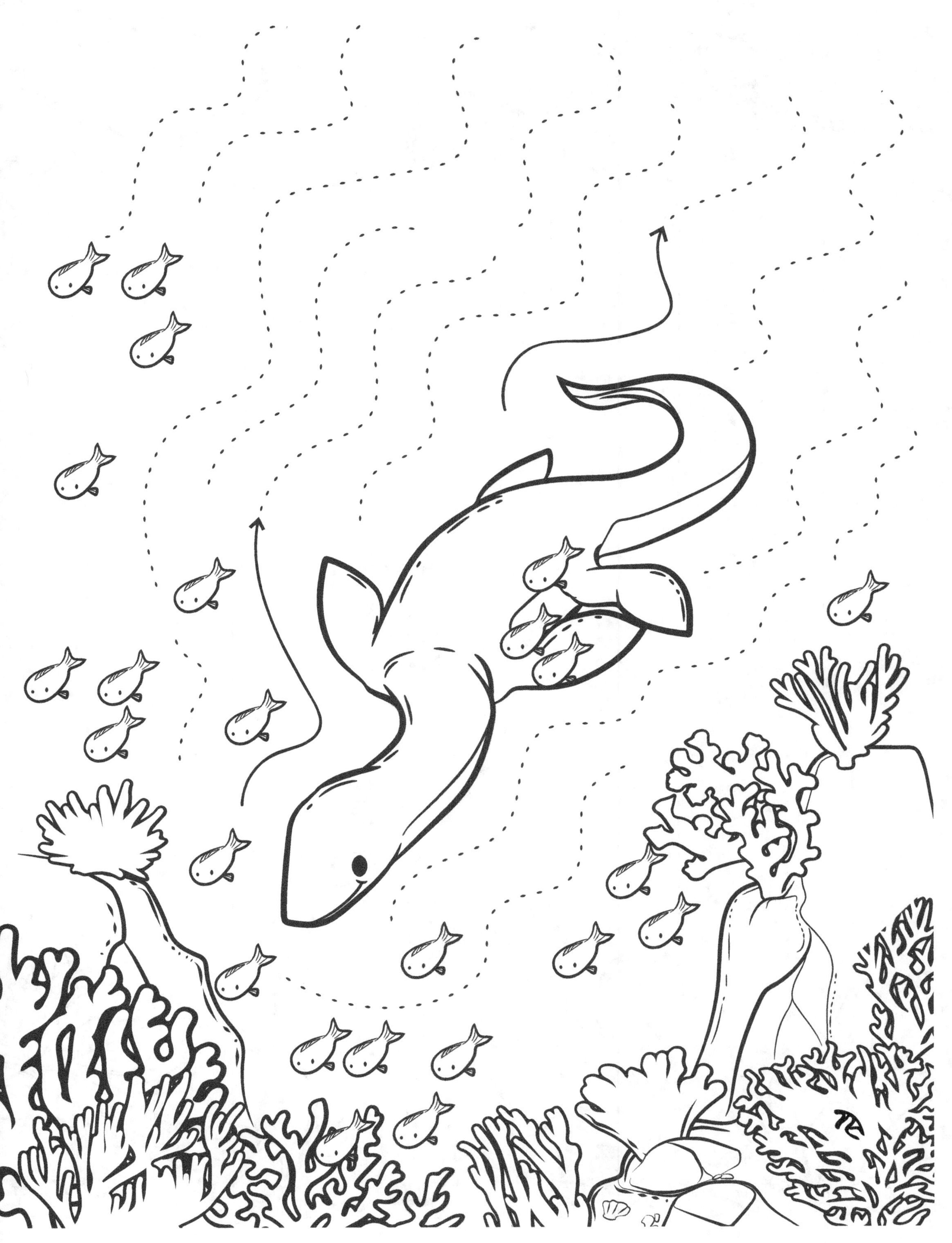

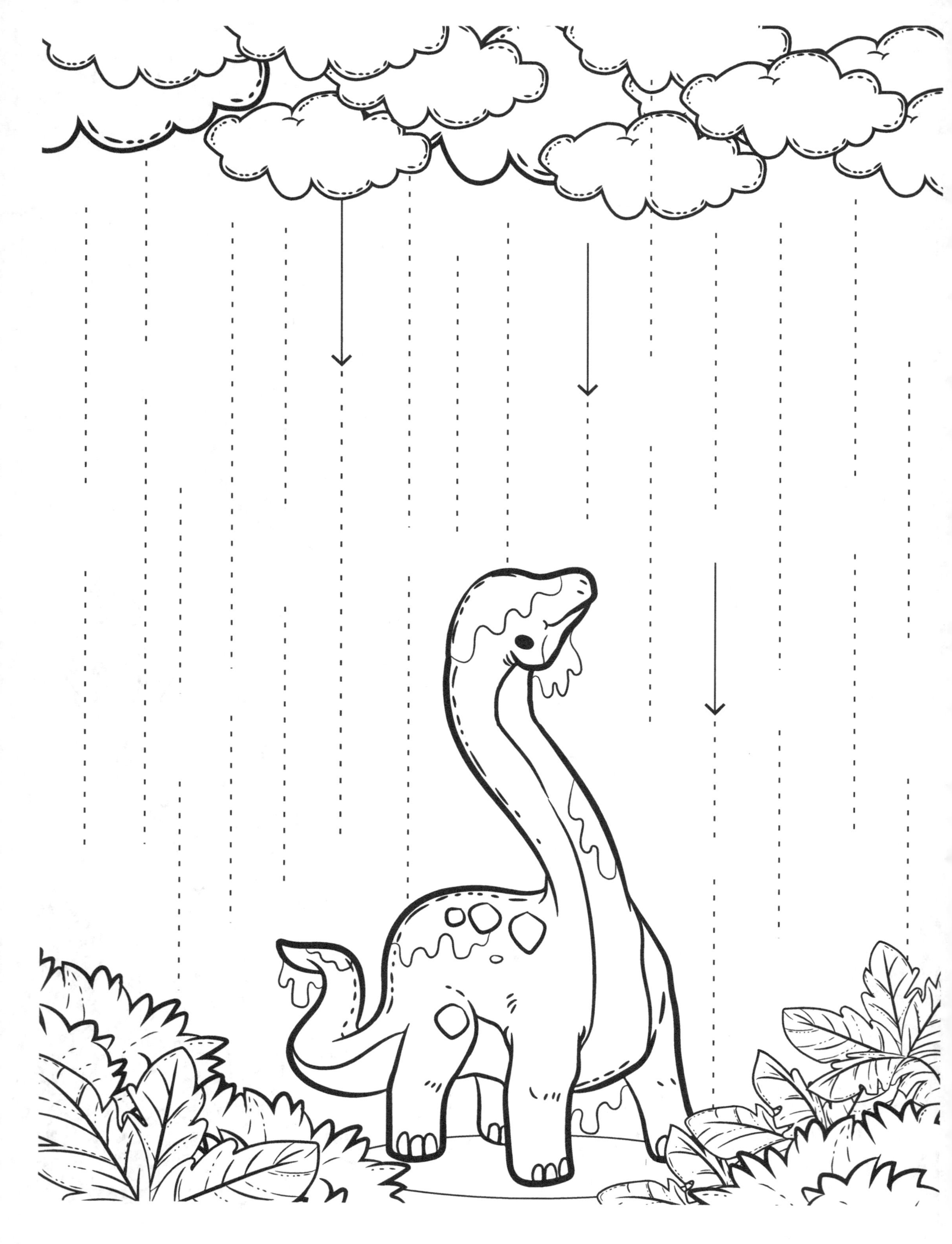

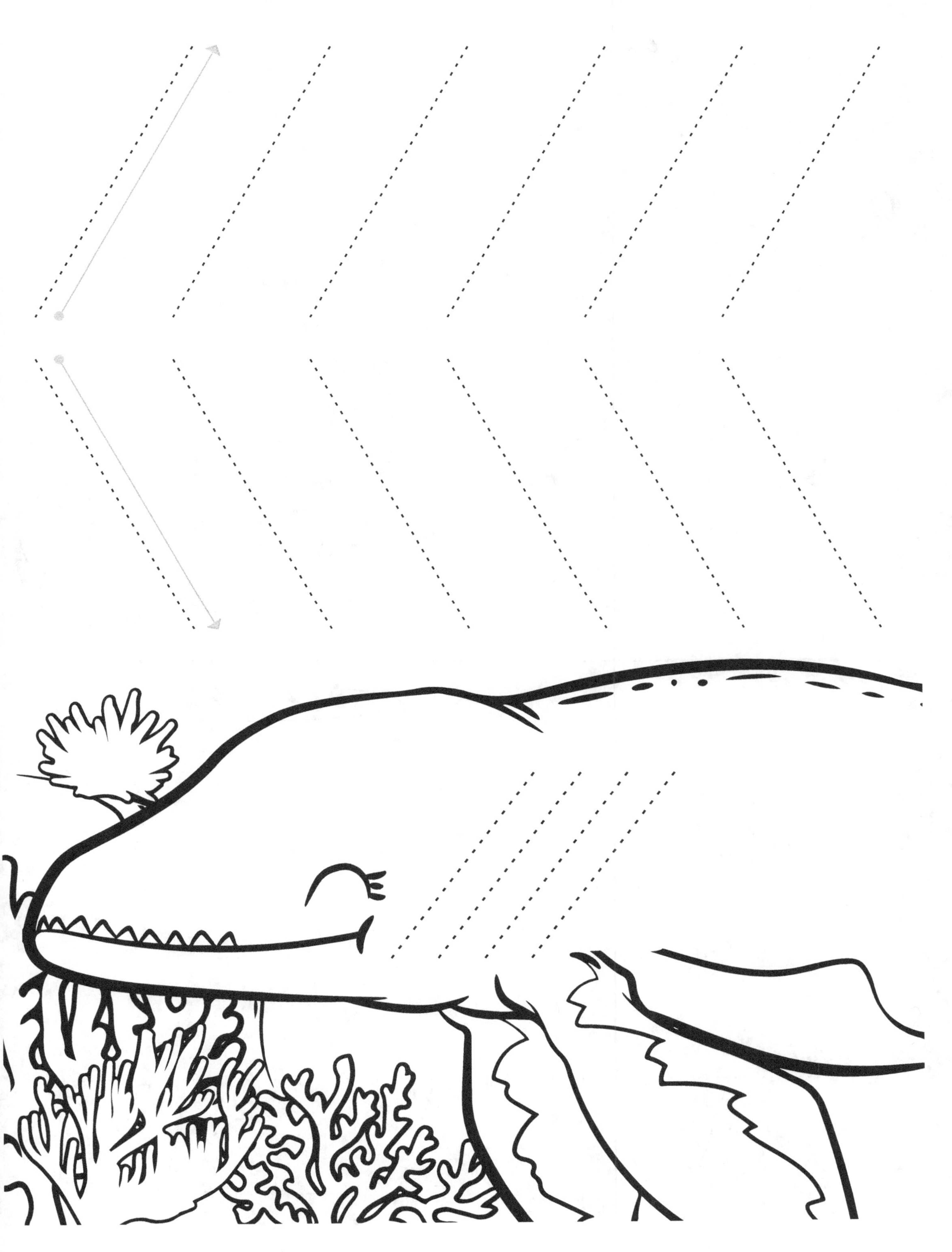

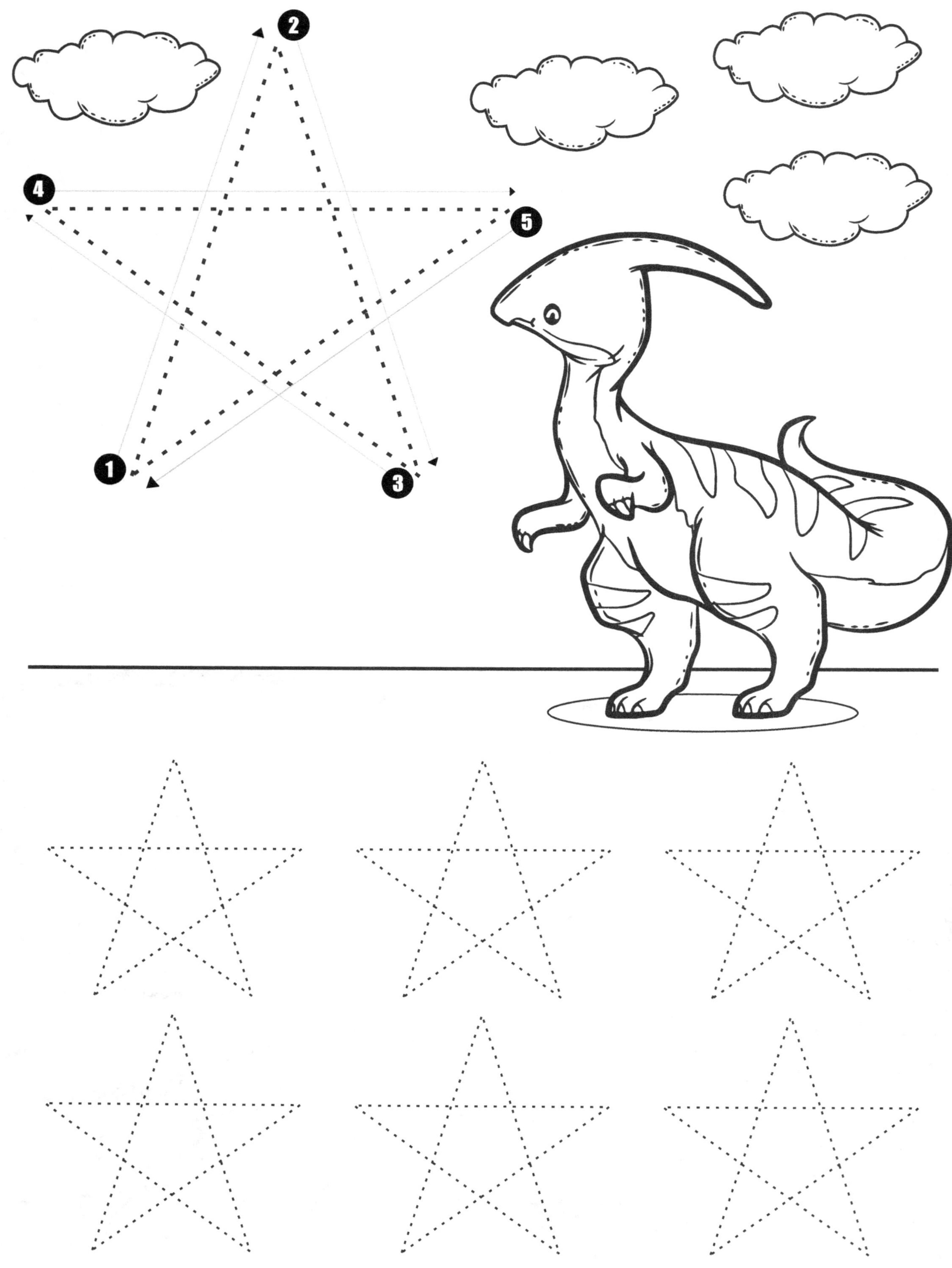

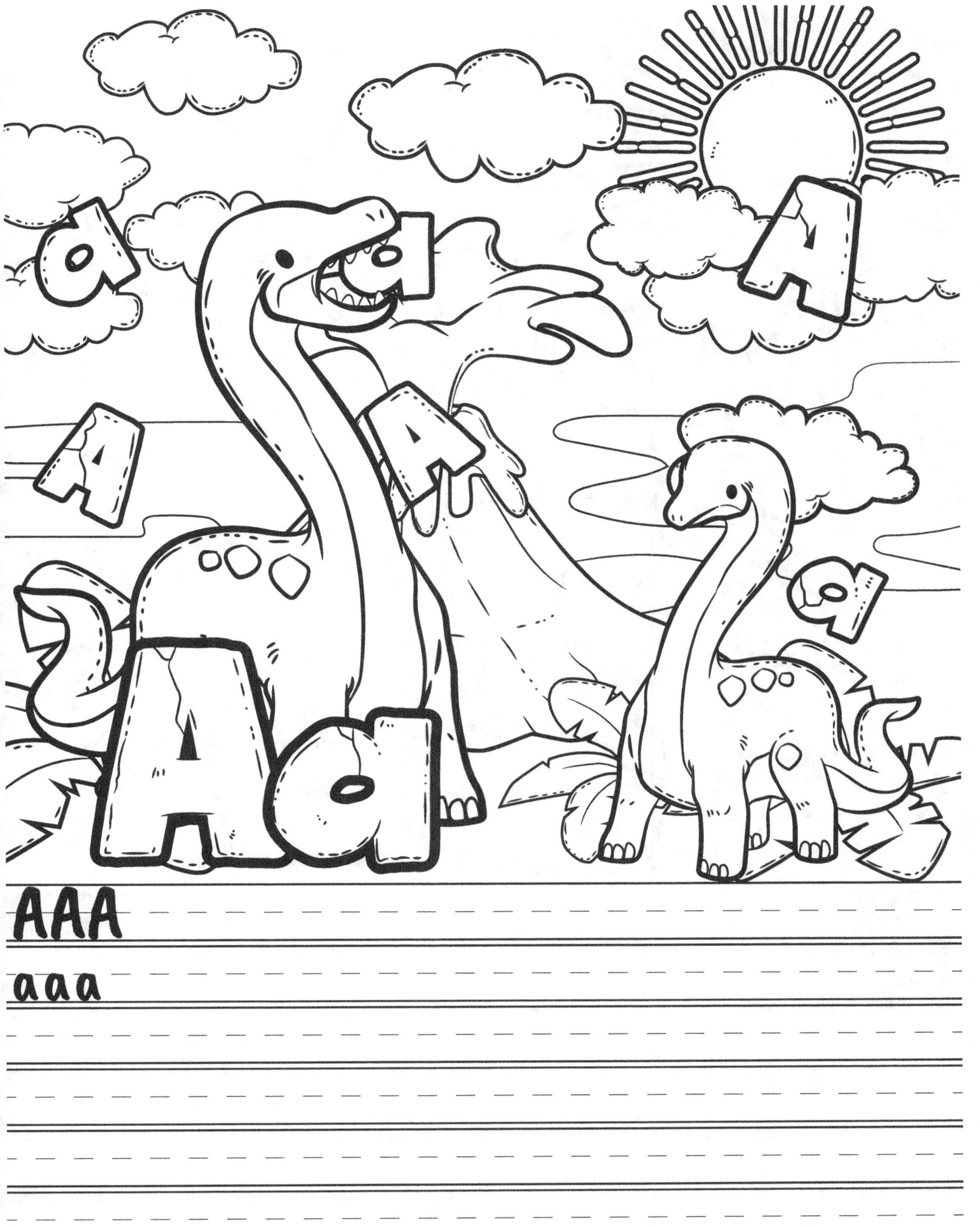
AAA
aaa

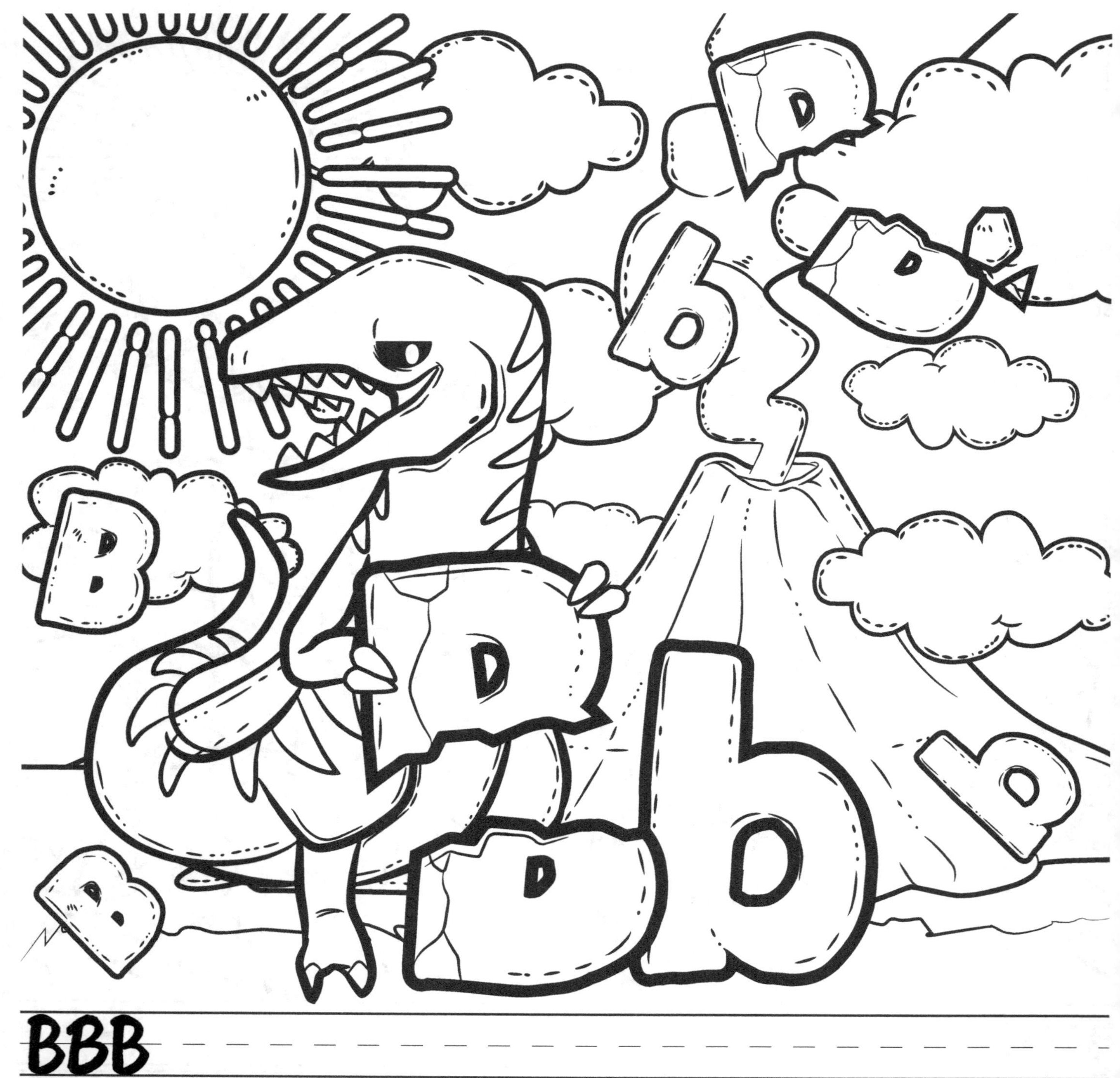

BBB

bbb

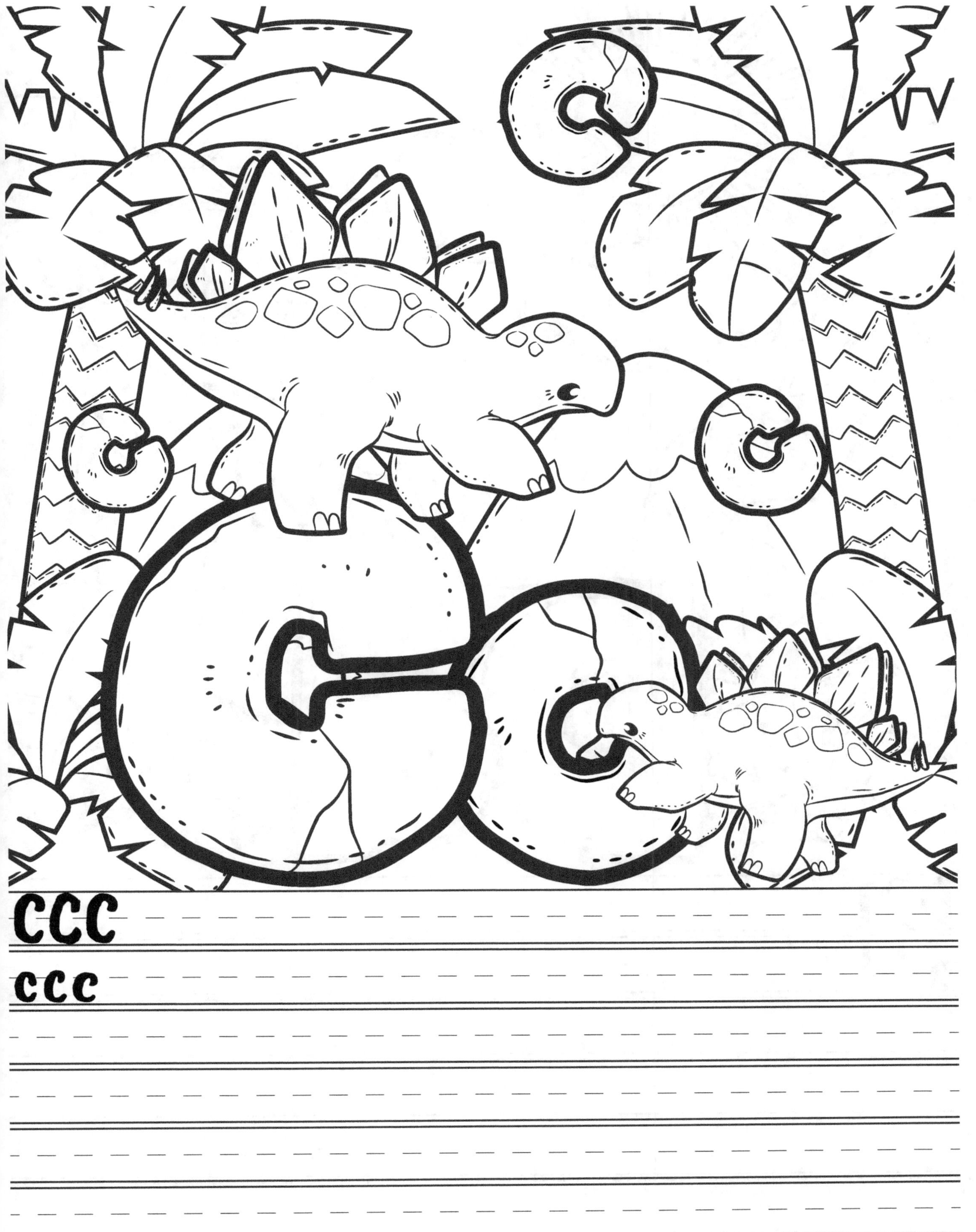

CCC

ccc

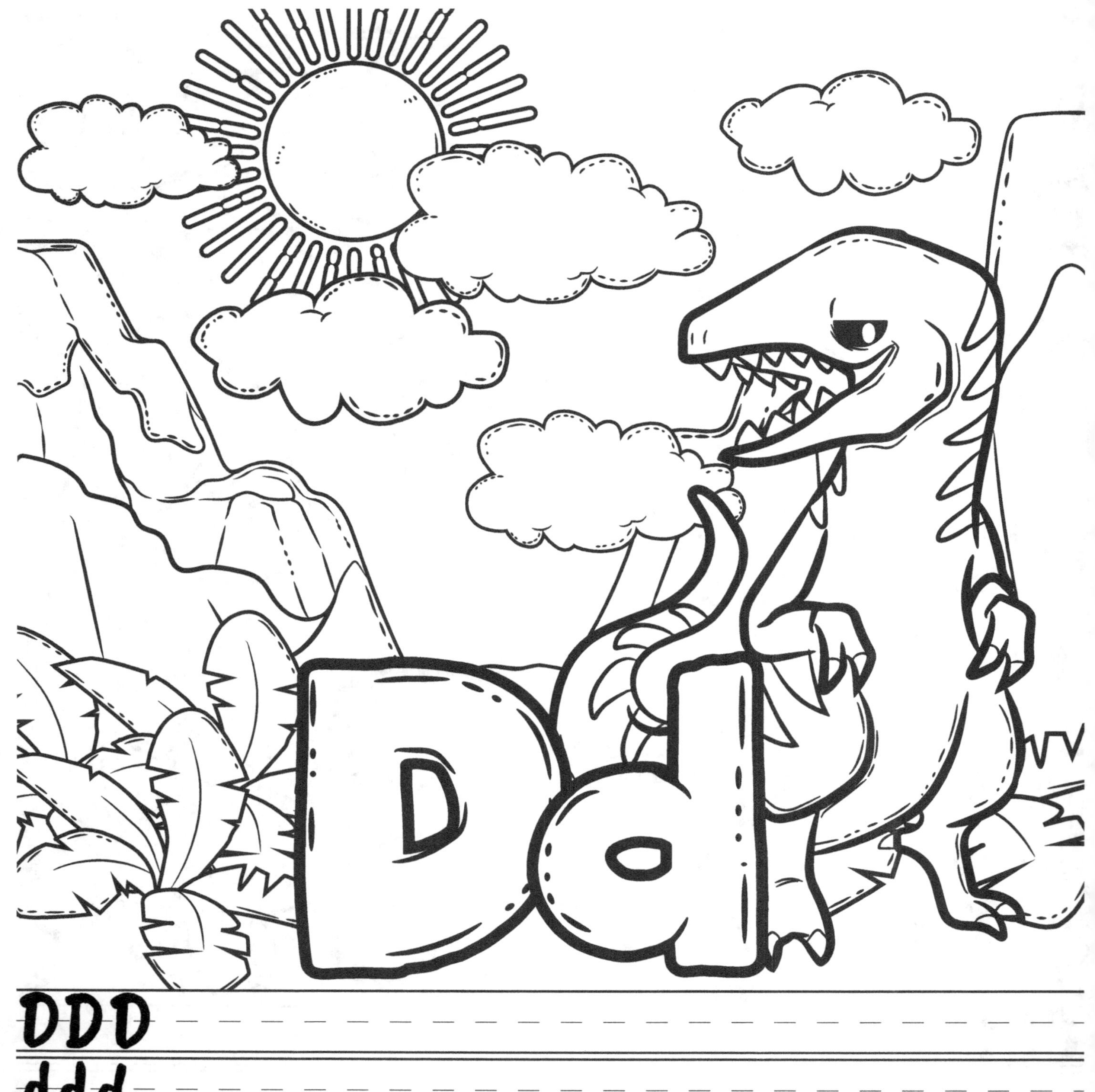

Dd
DDD
ddd

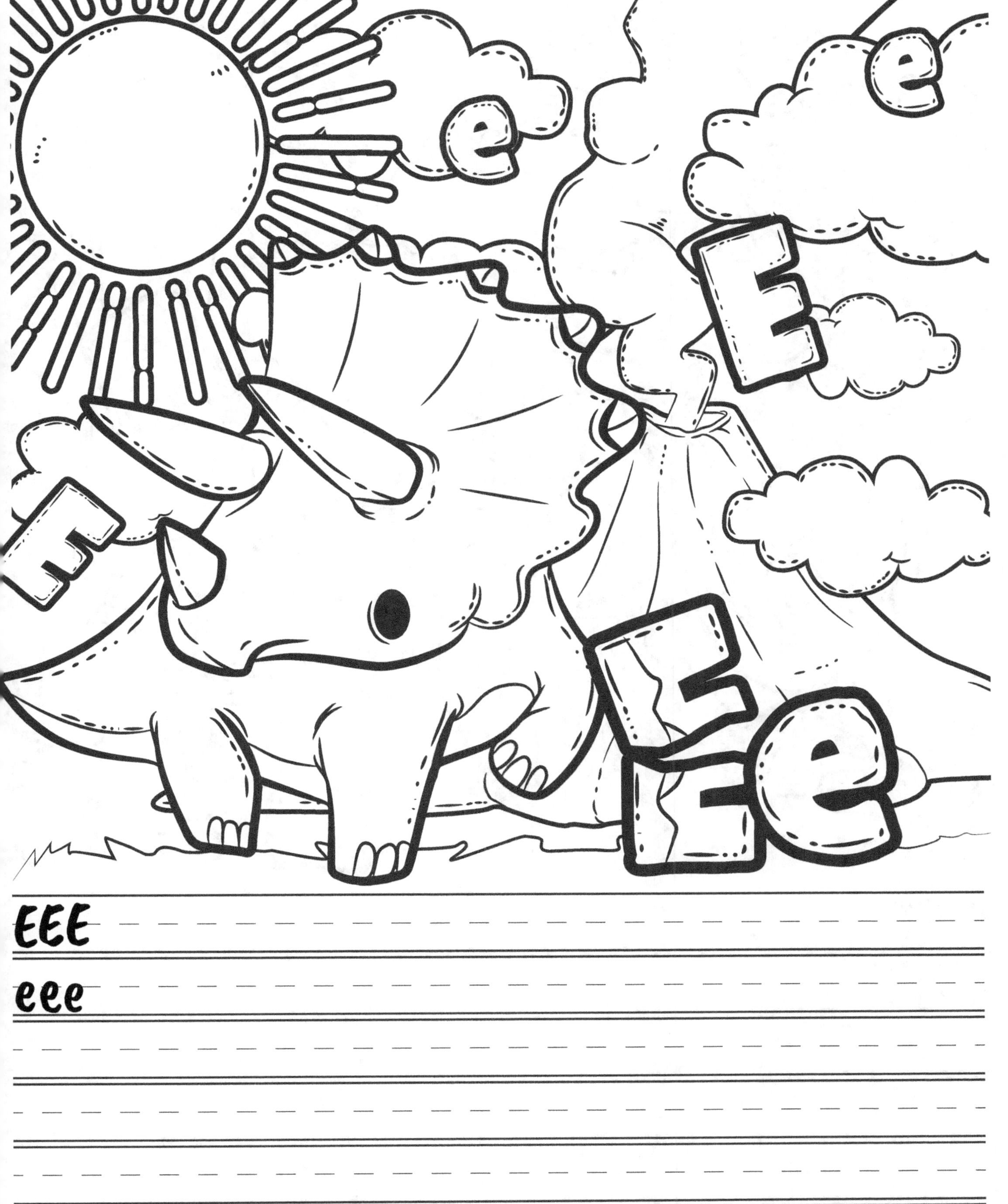

EEE

eee

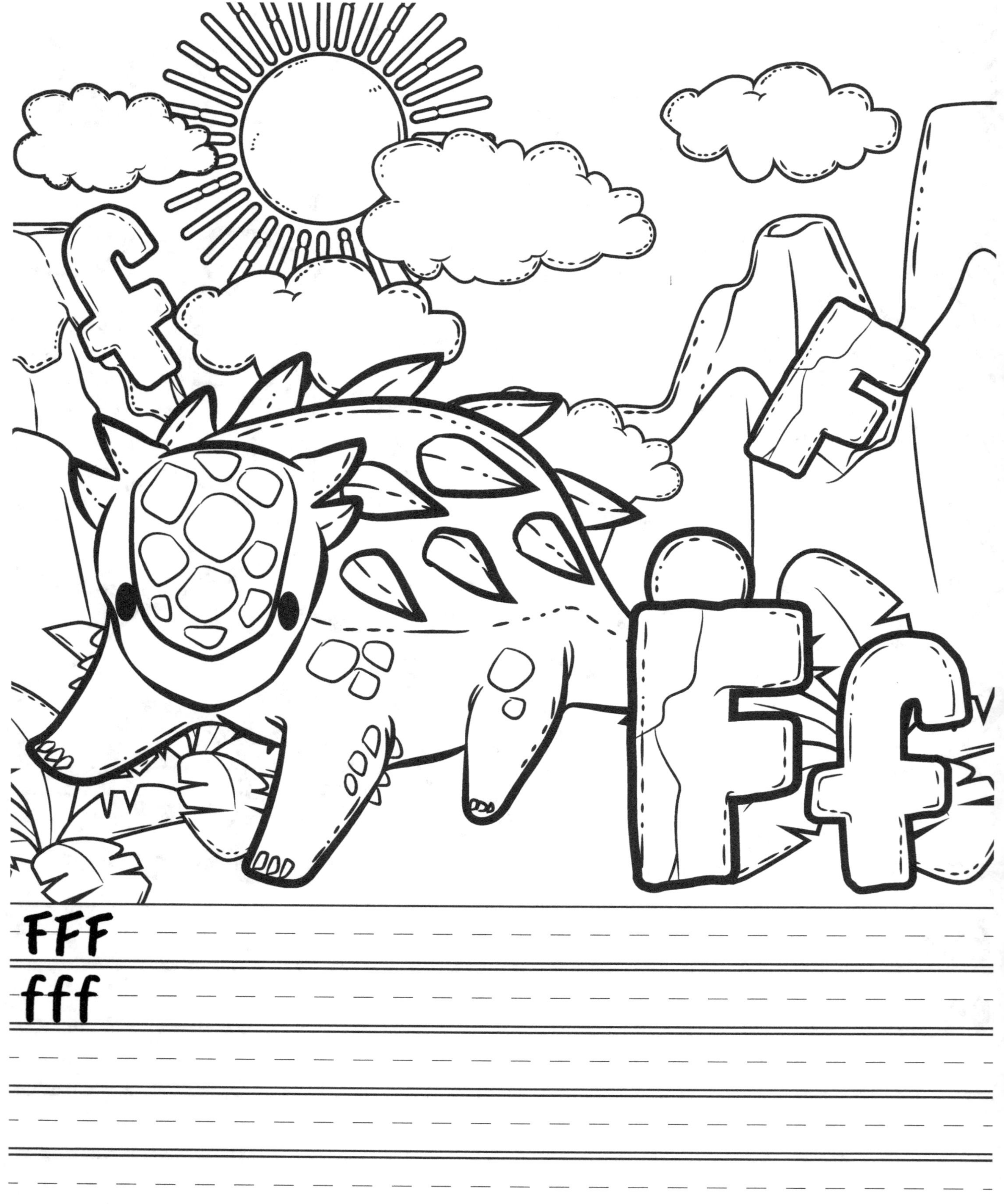

FFF

fff

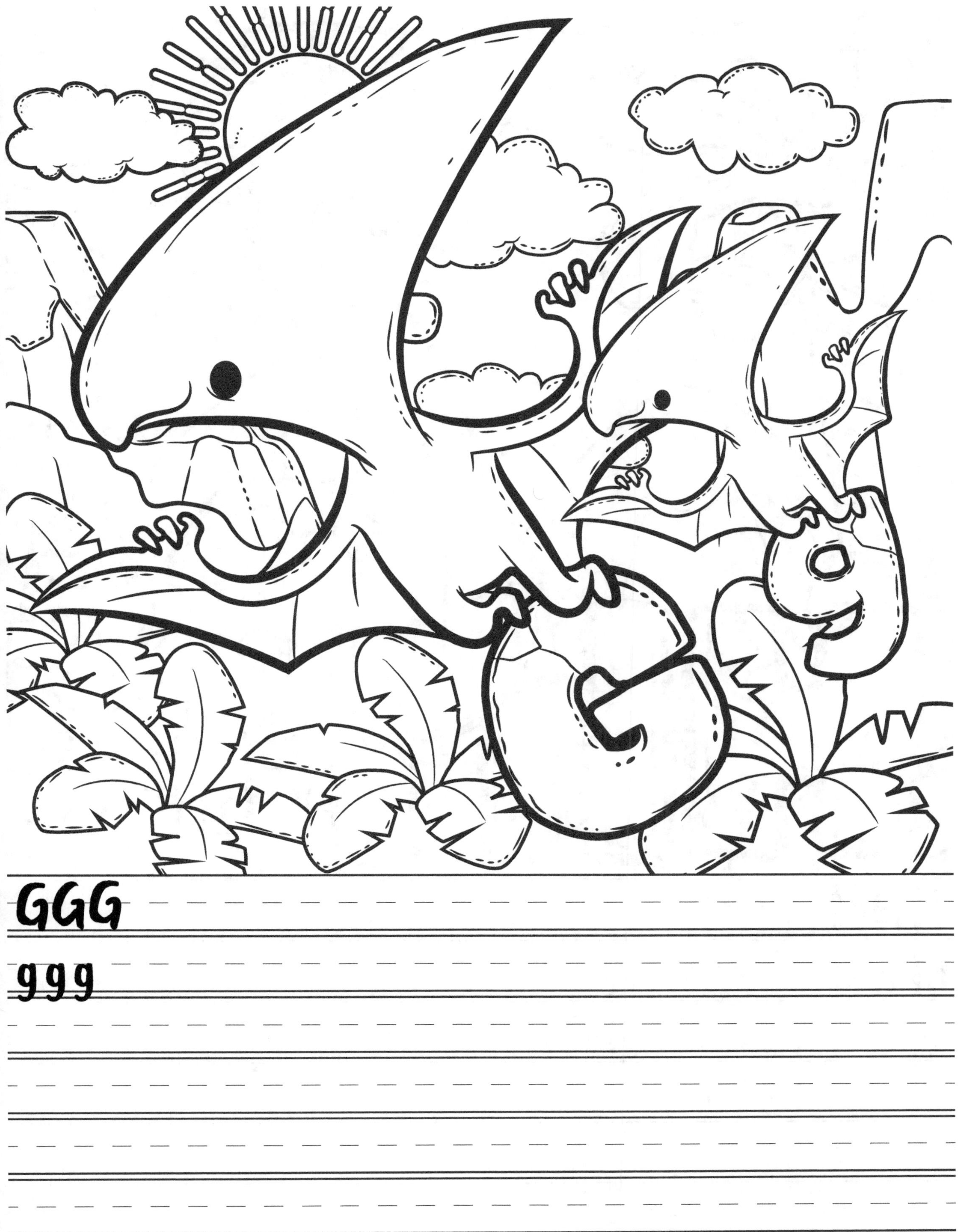

GGG

ggg

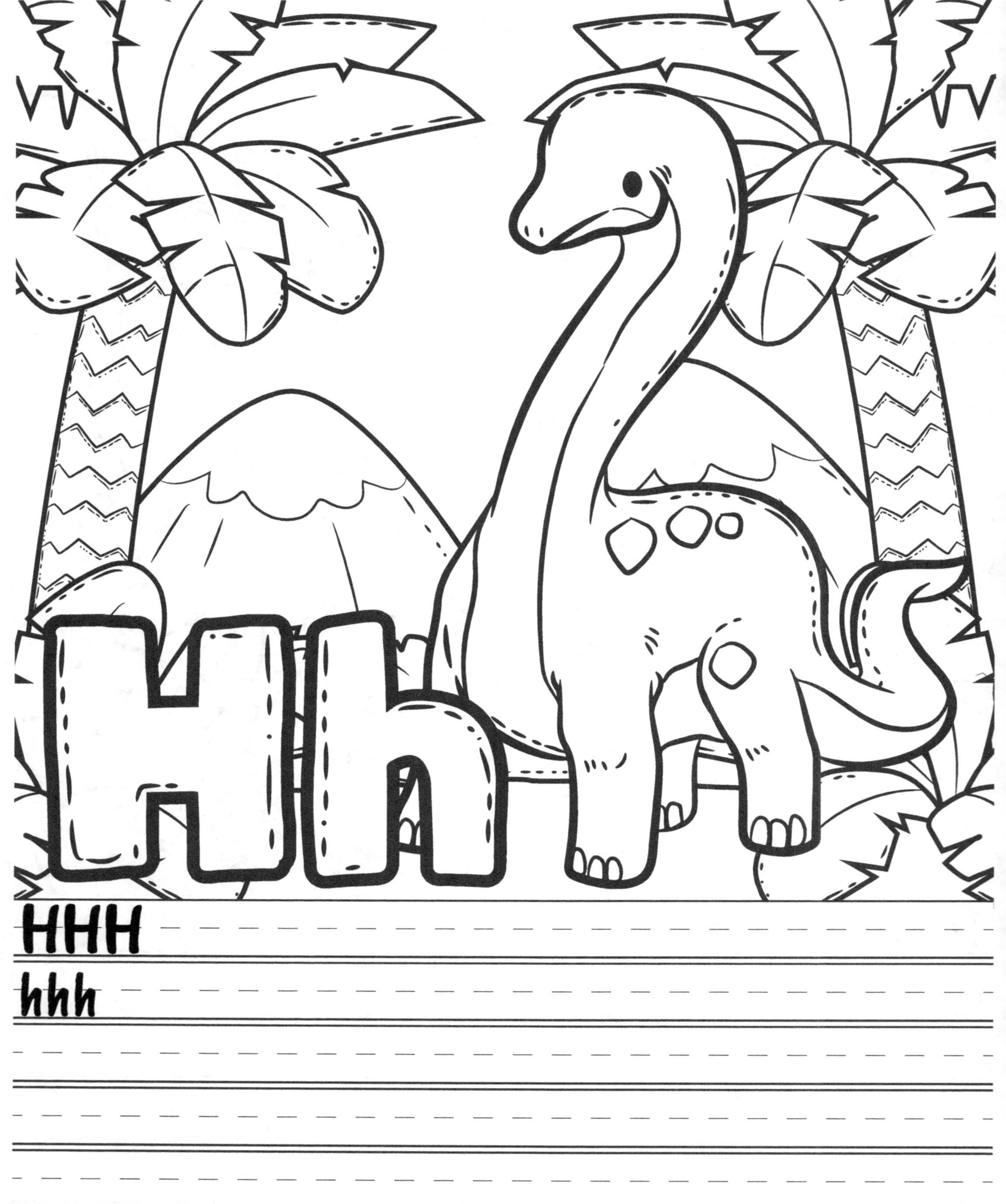

Hh

HHH

hhh

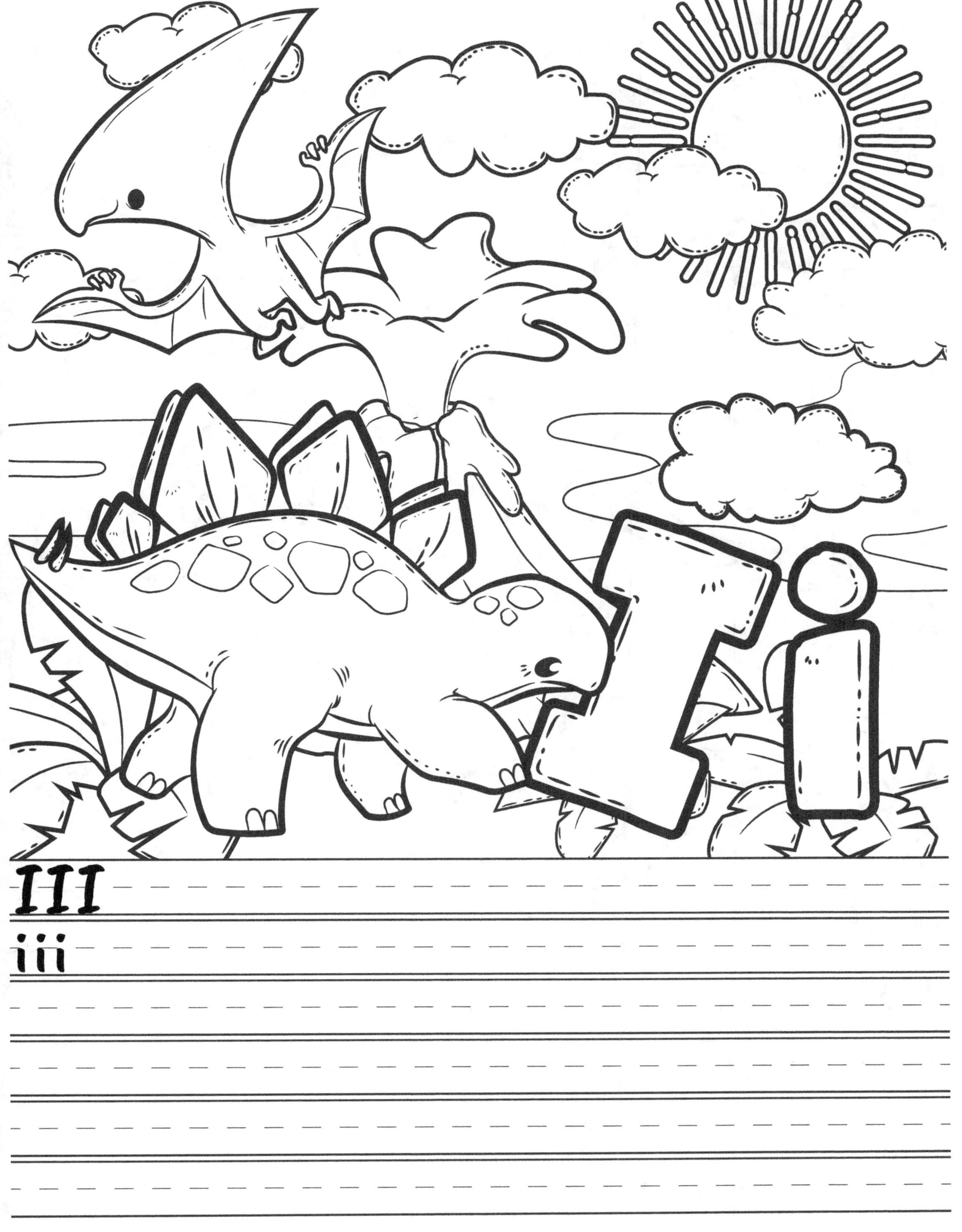

III

iii

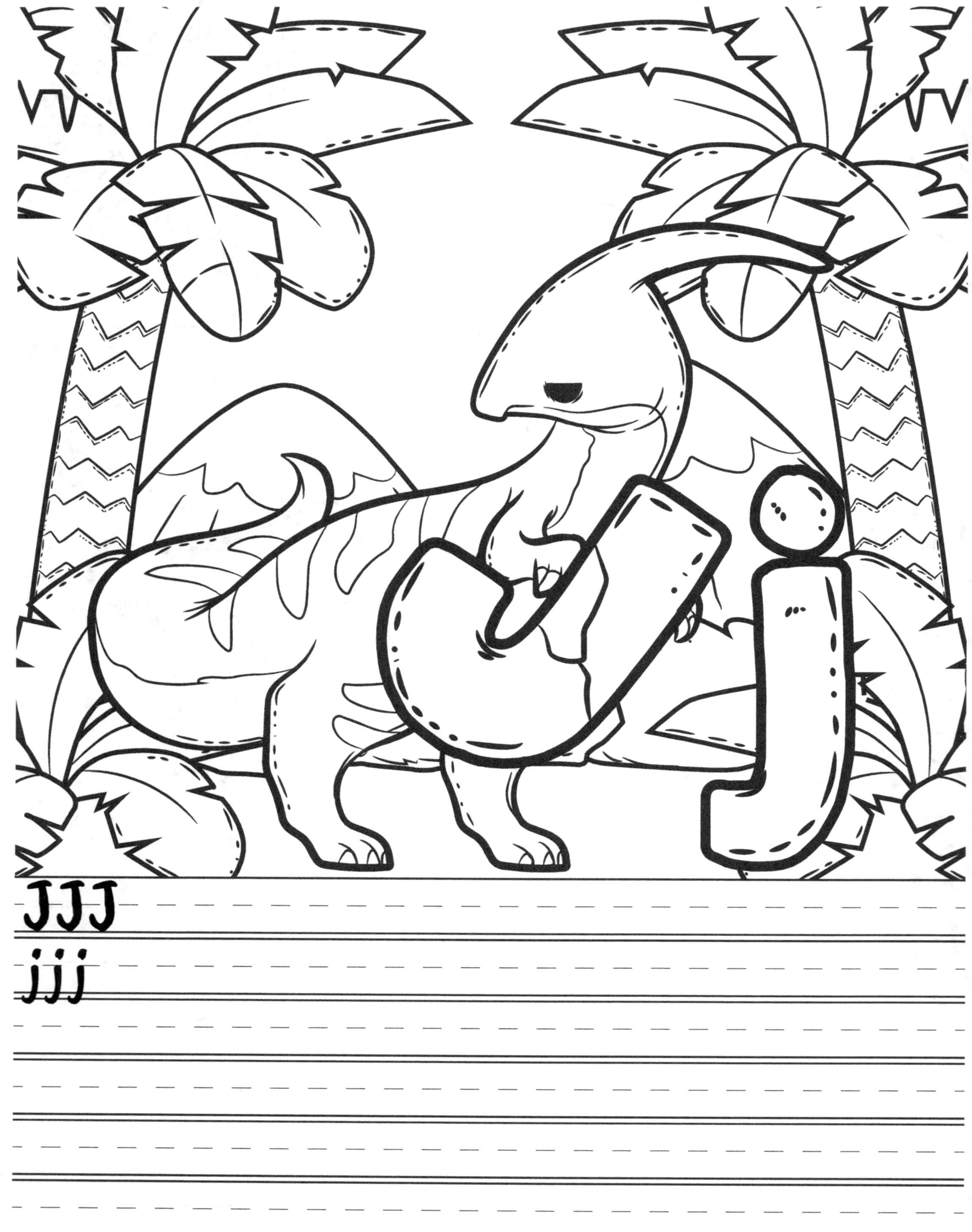

JJJ
jjj

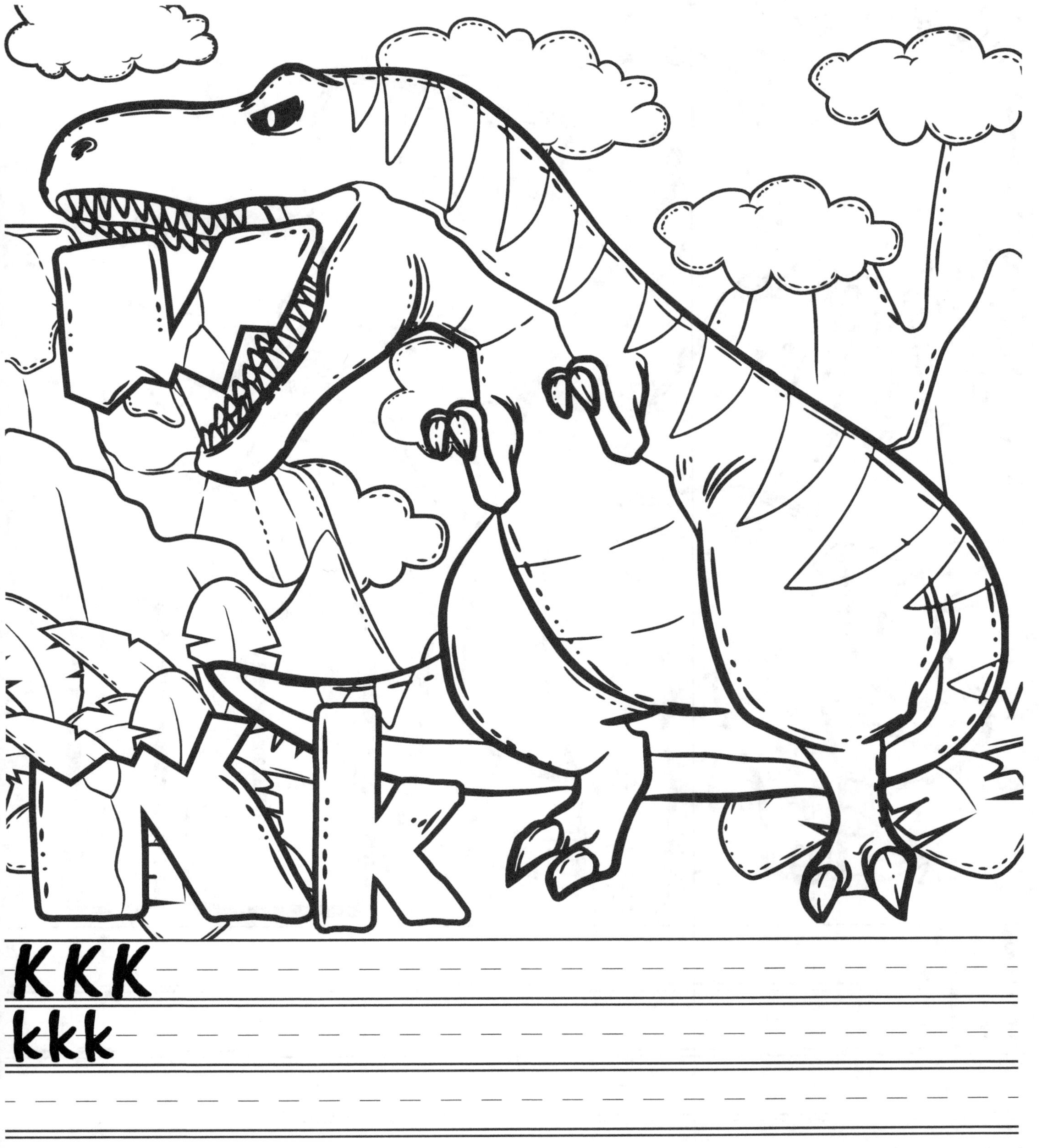

Kk
KKK
kkk

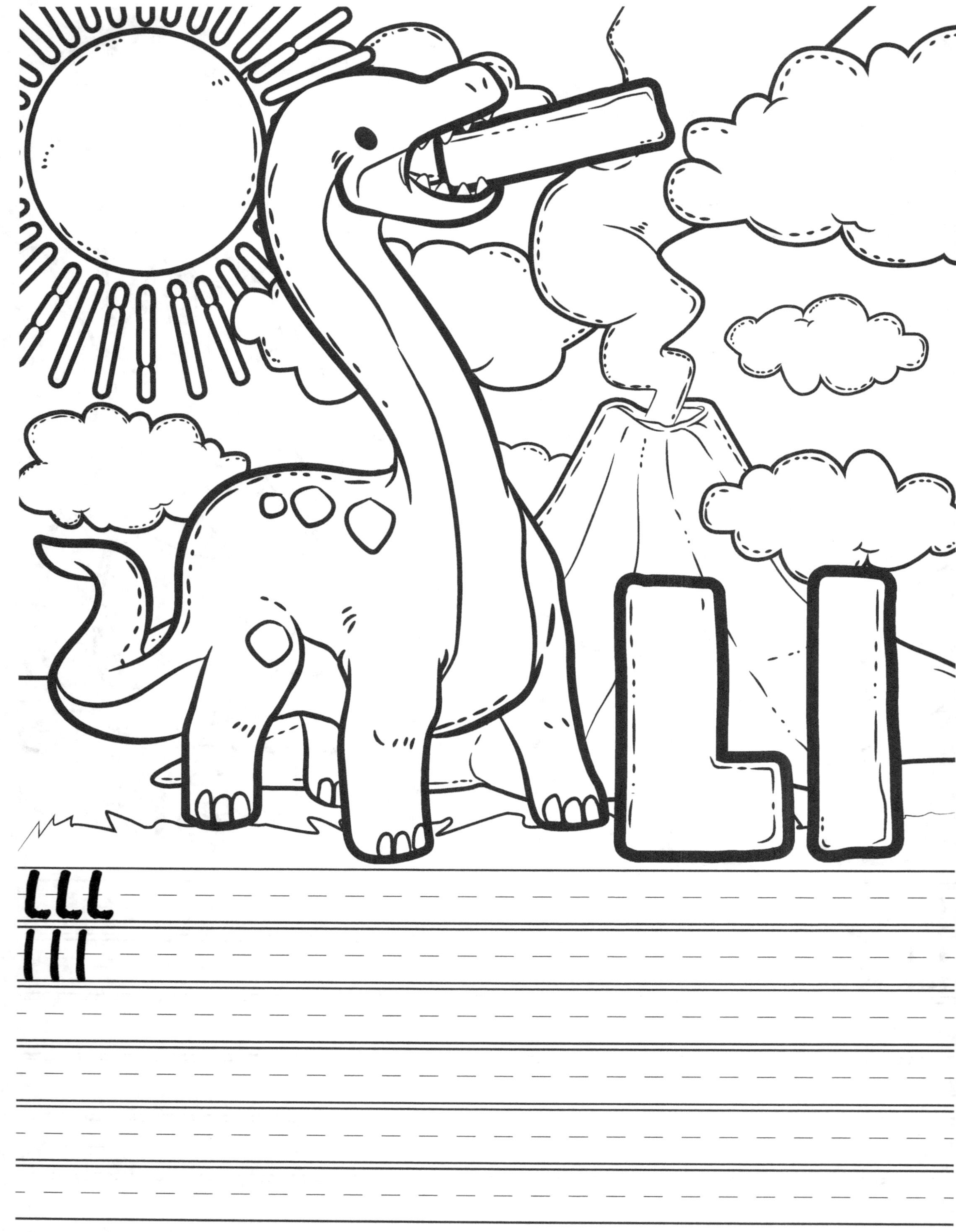

LLL
lll

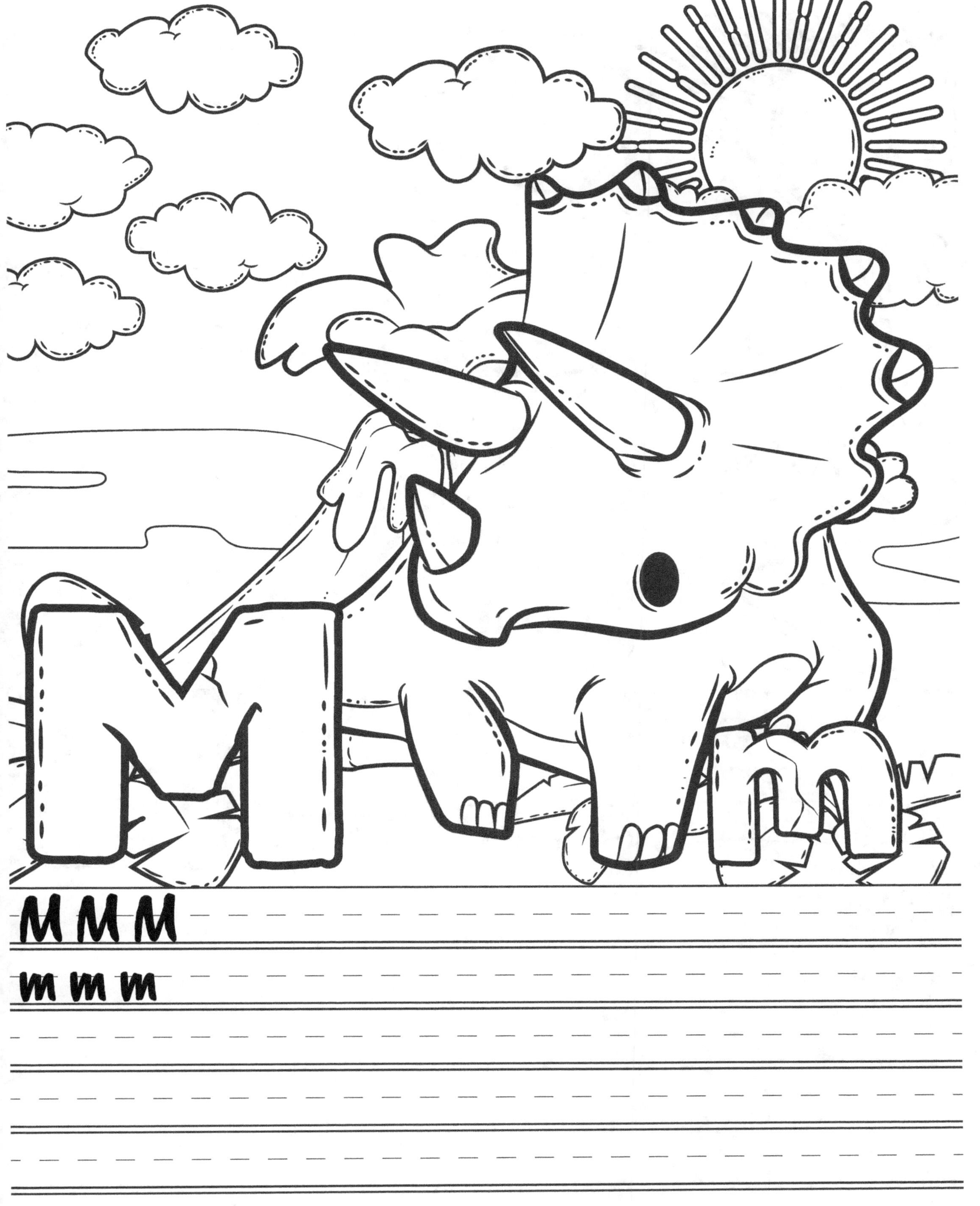

M M M

m m m

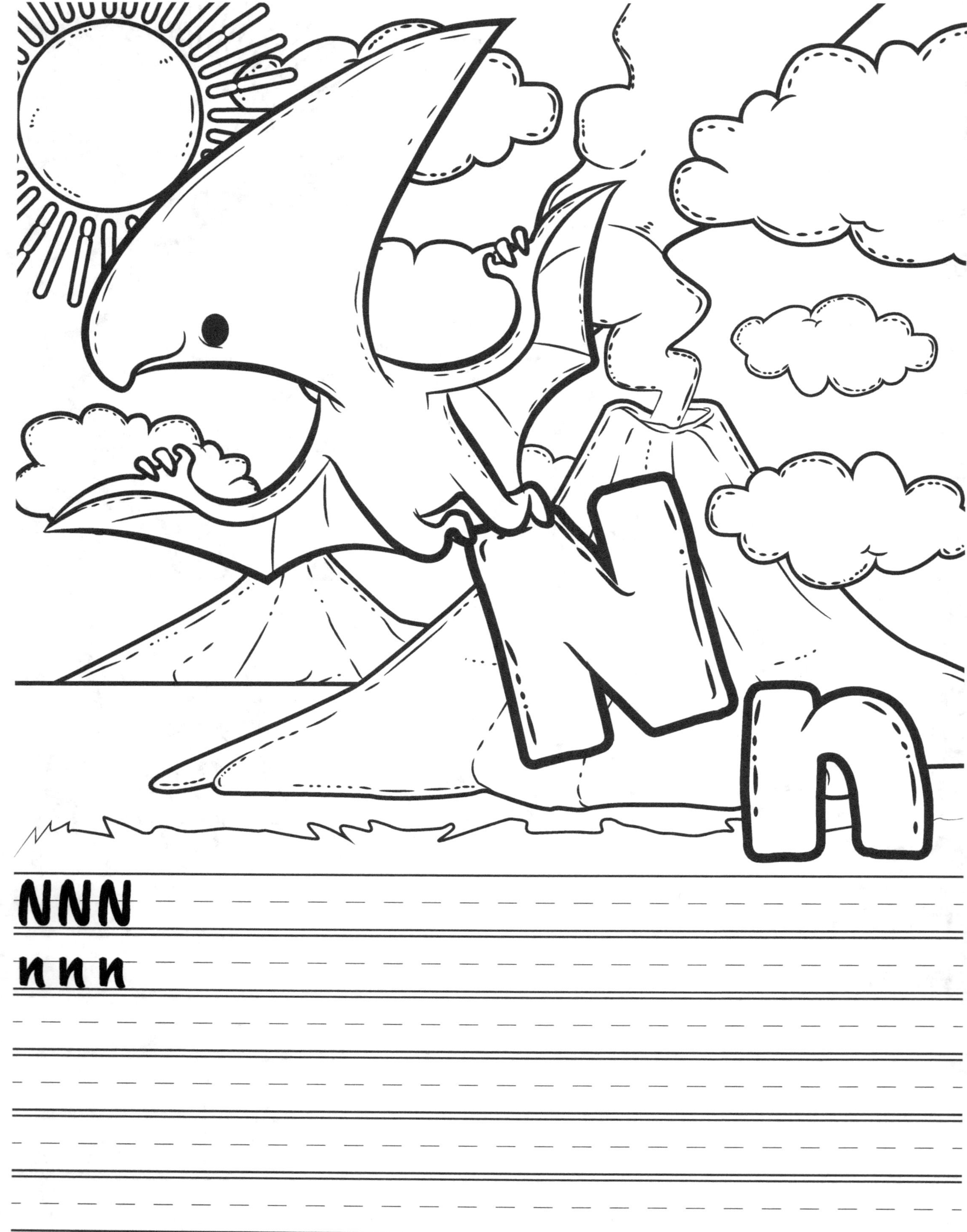

NNN

nnn

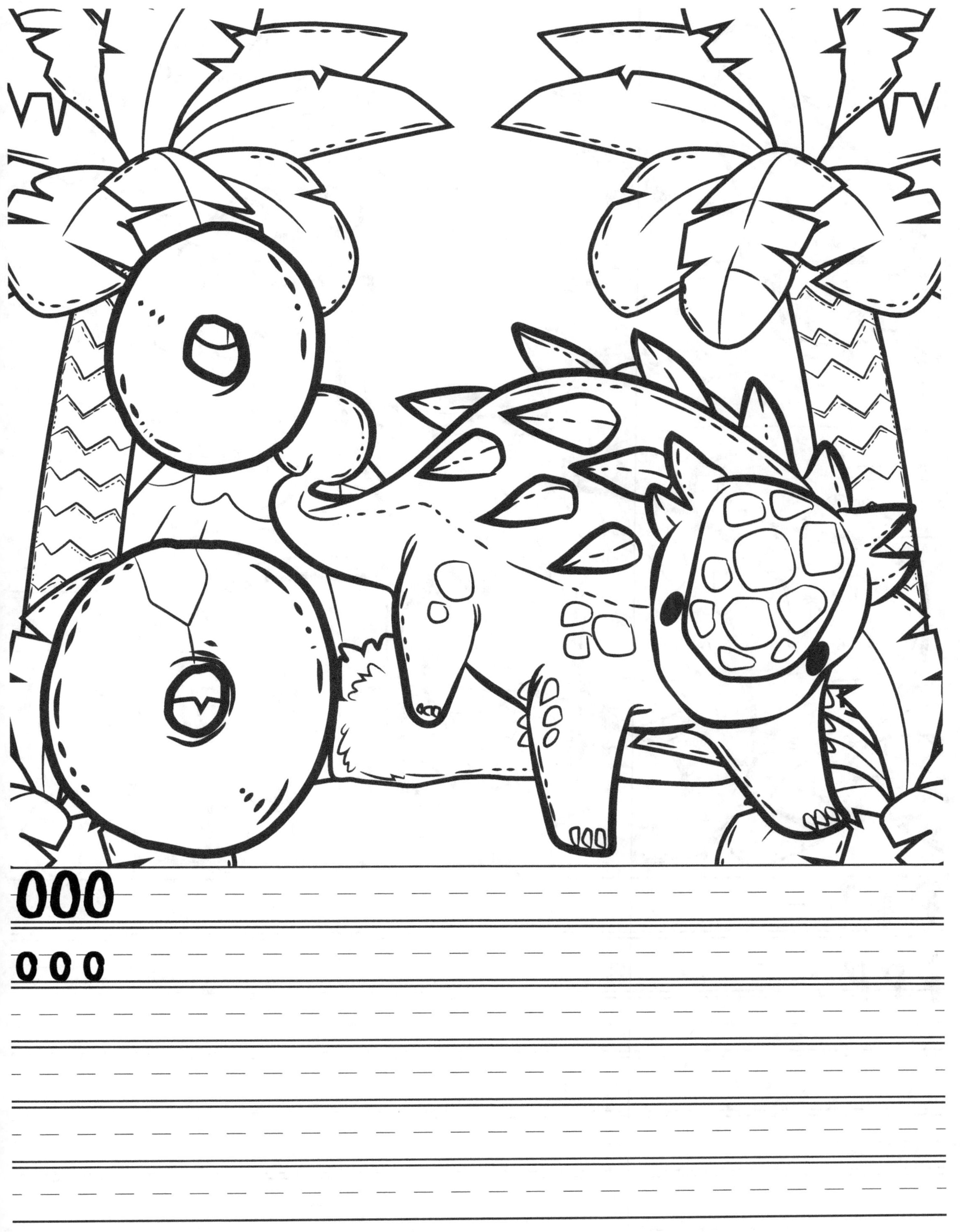

000

000

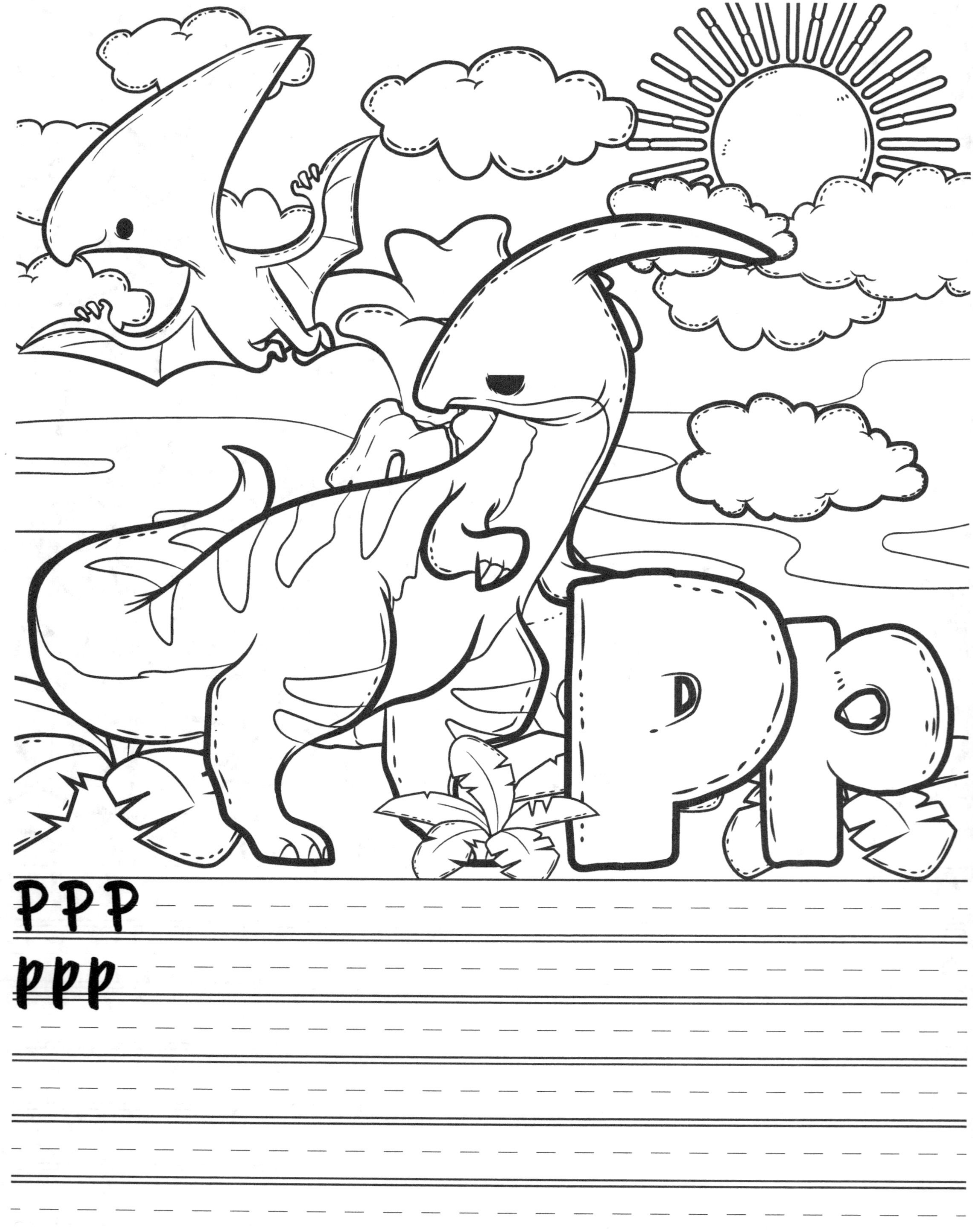

P P P

p p p

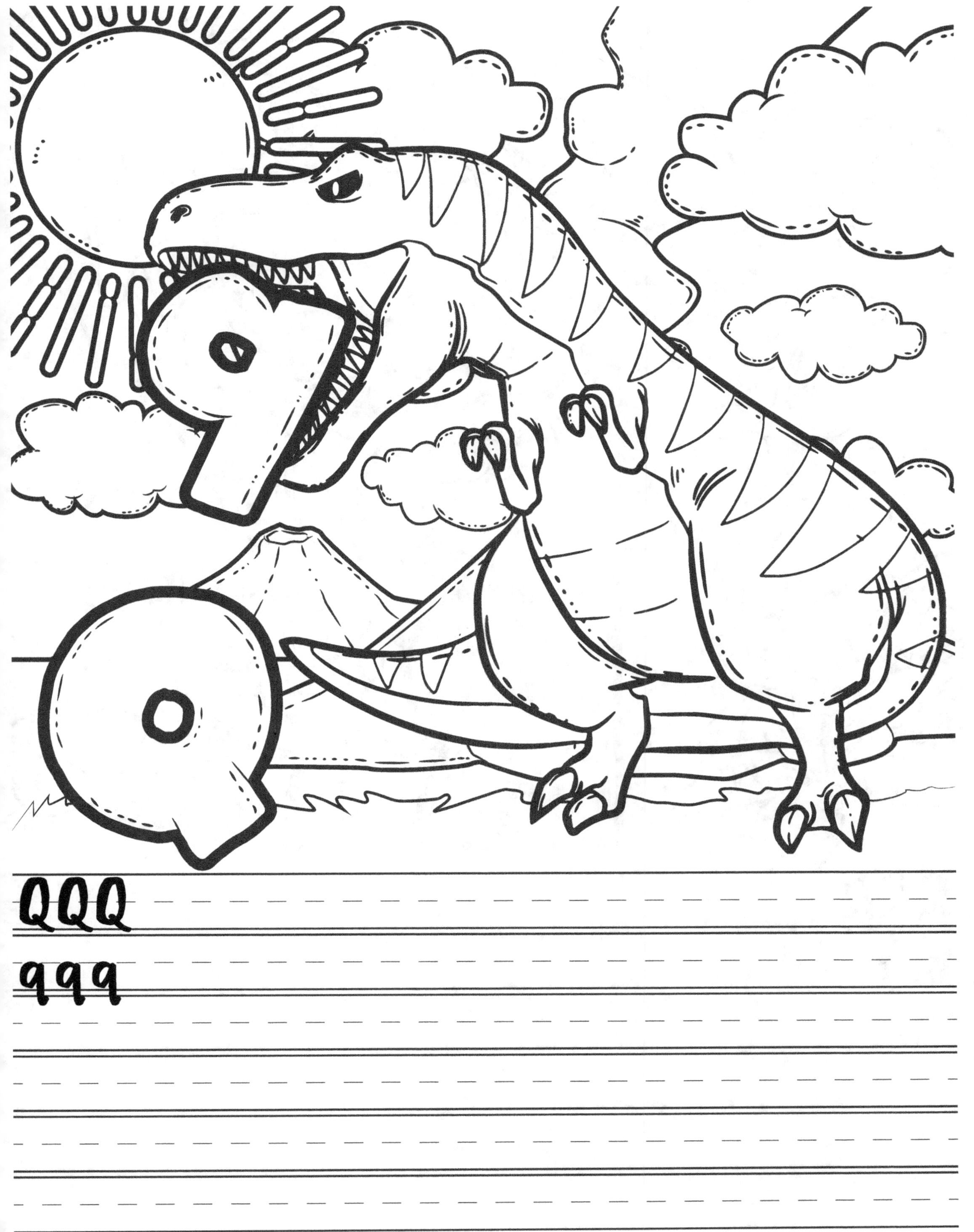

QQQ

qqq

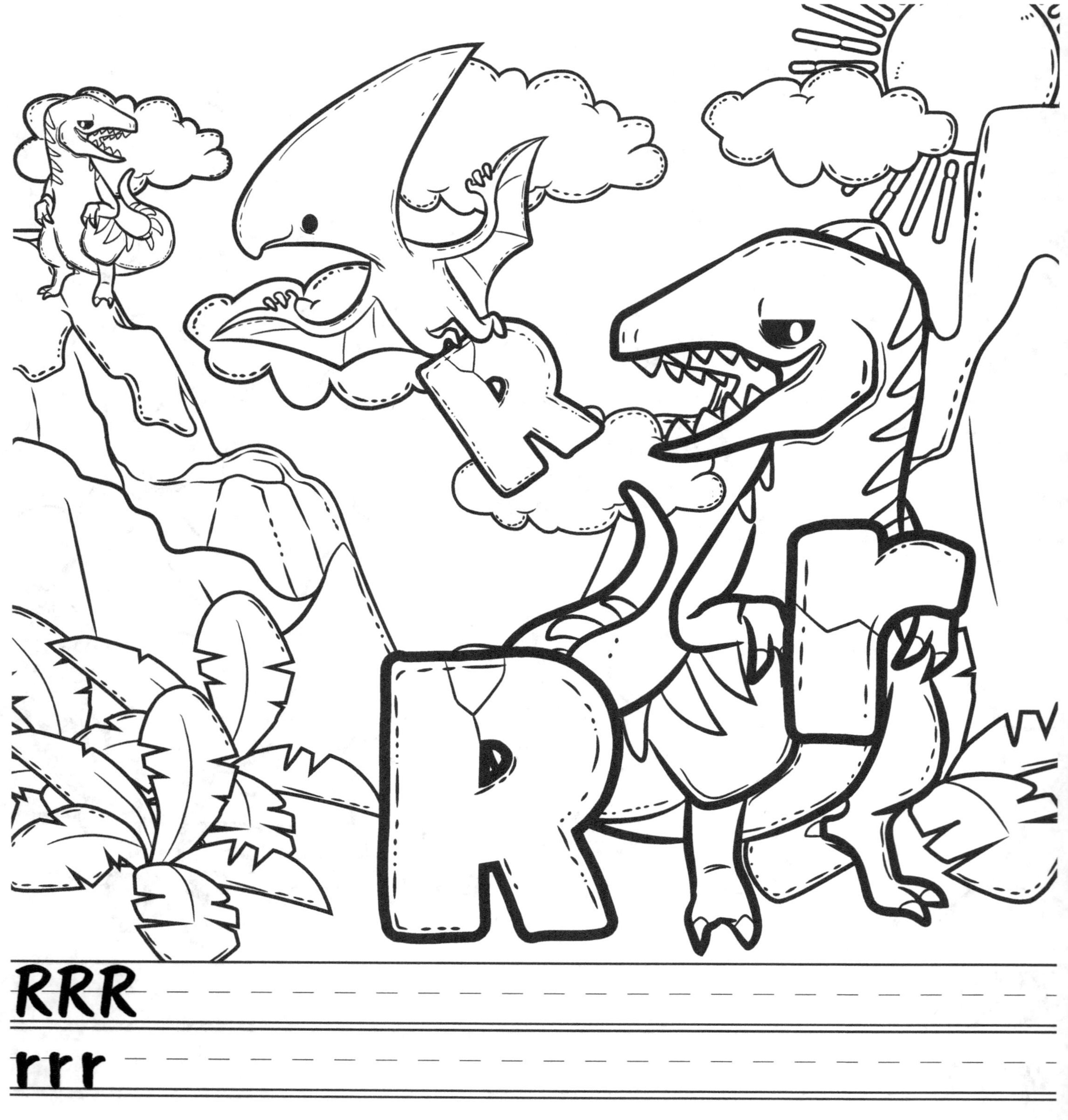

RRR

rrr

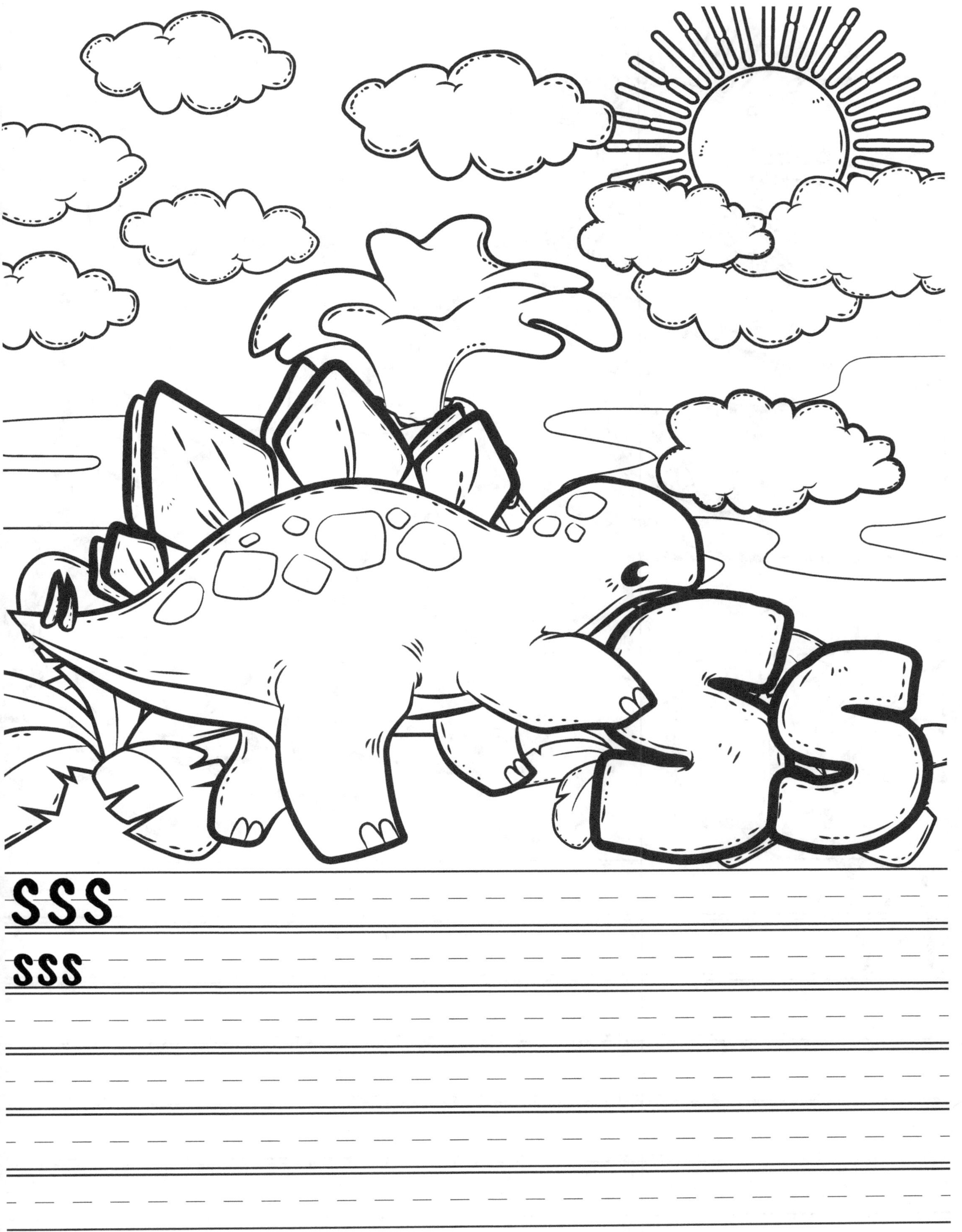

SSS

SSS

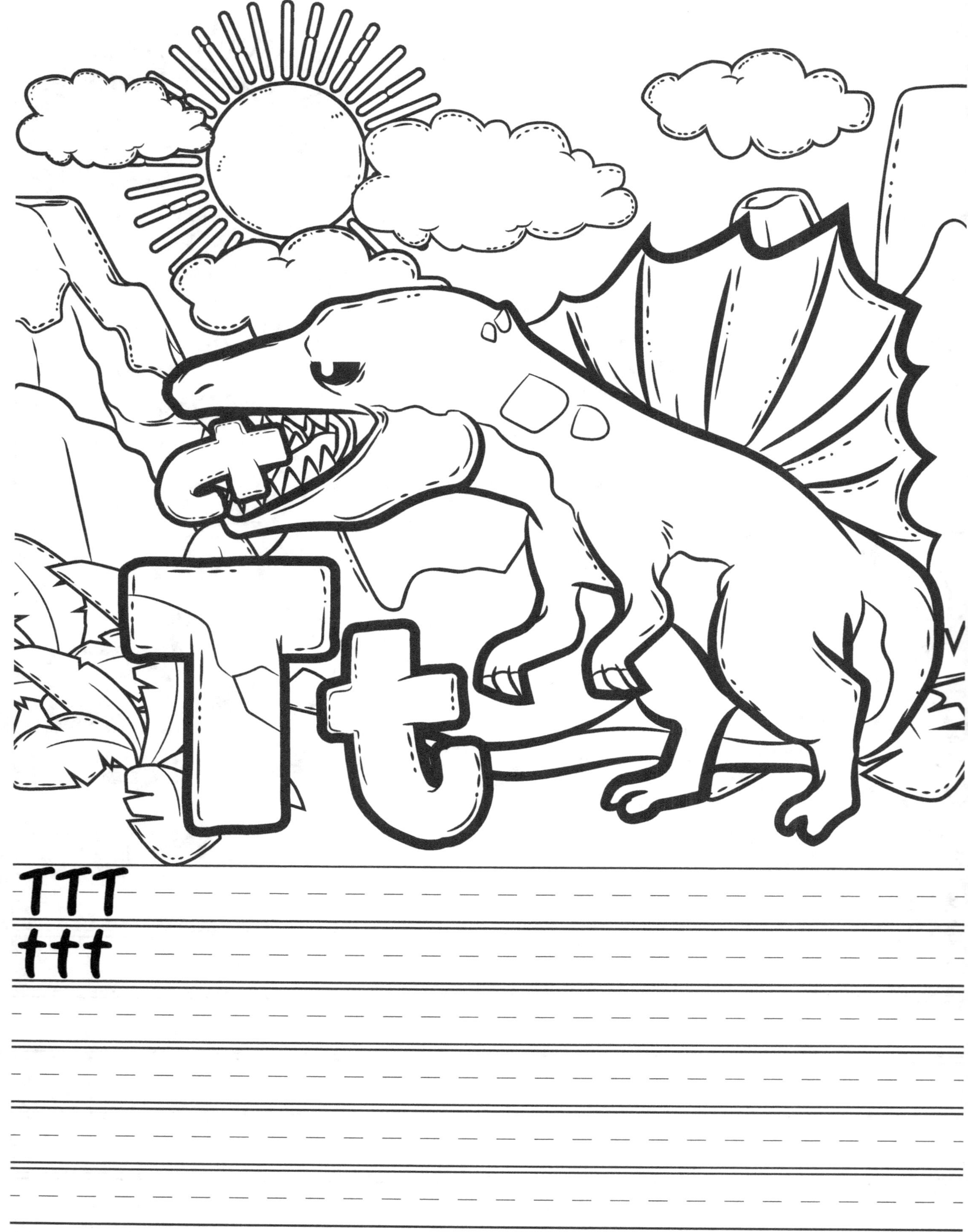

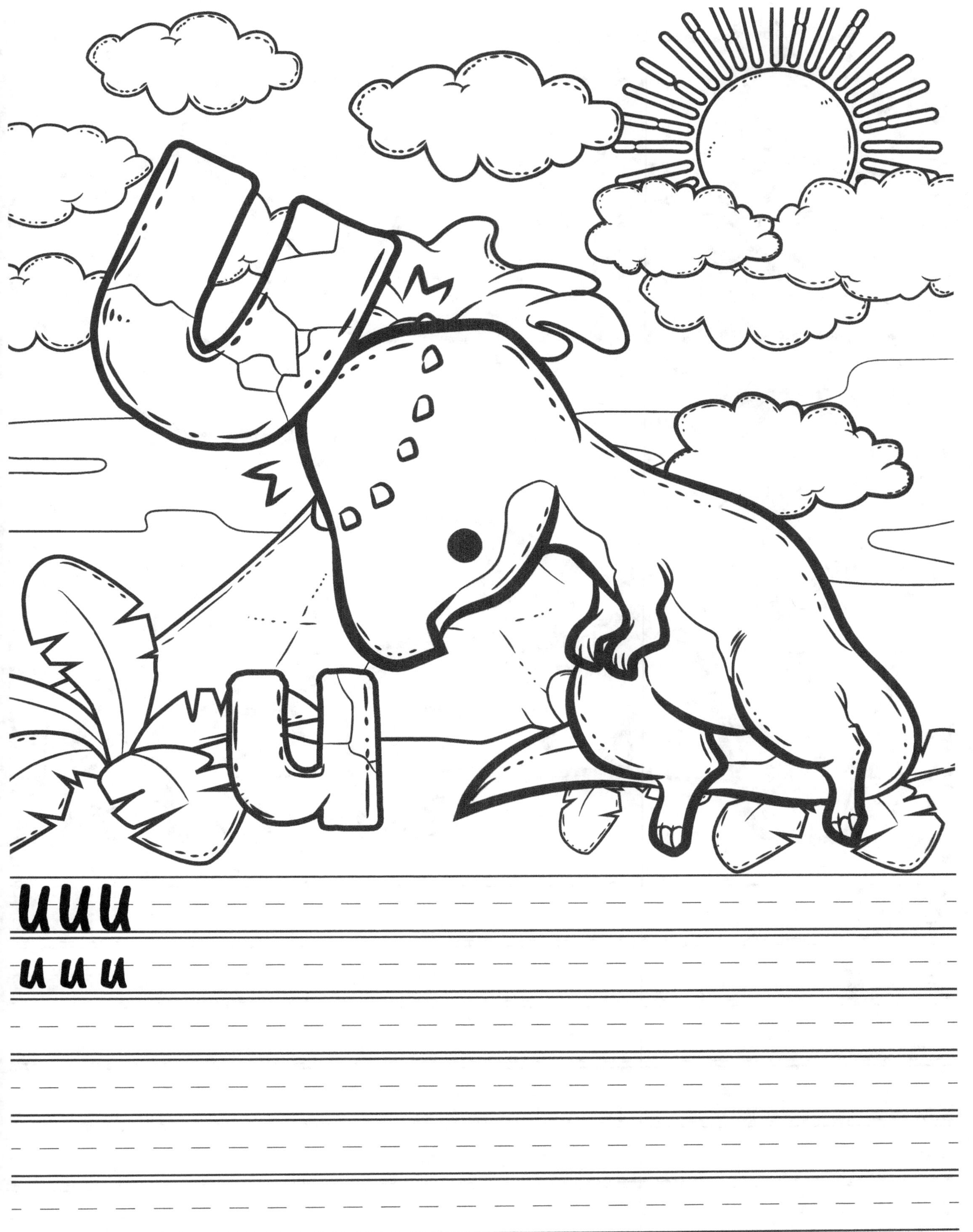

UUU
uuu

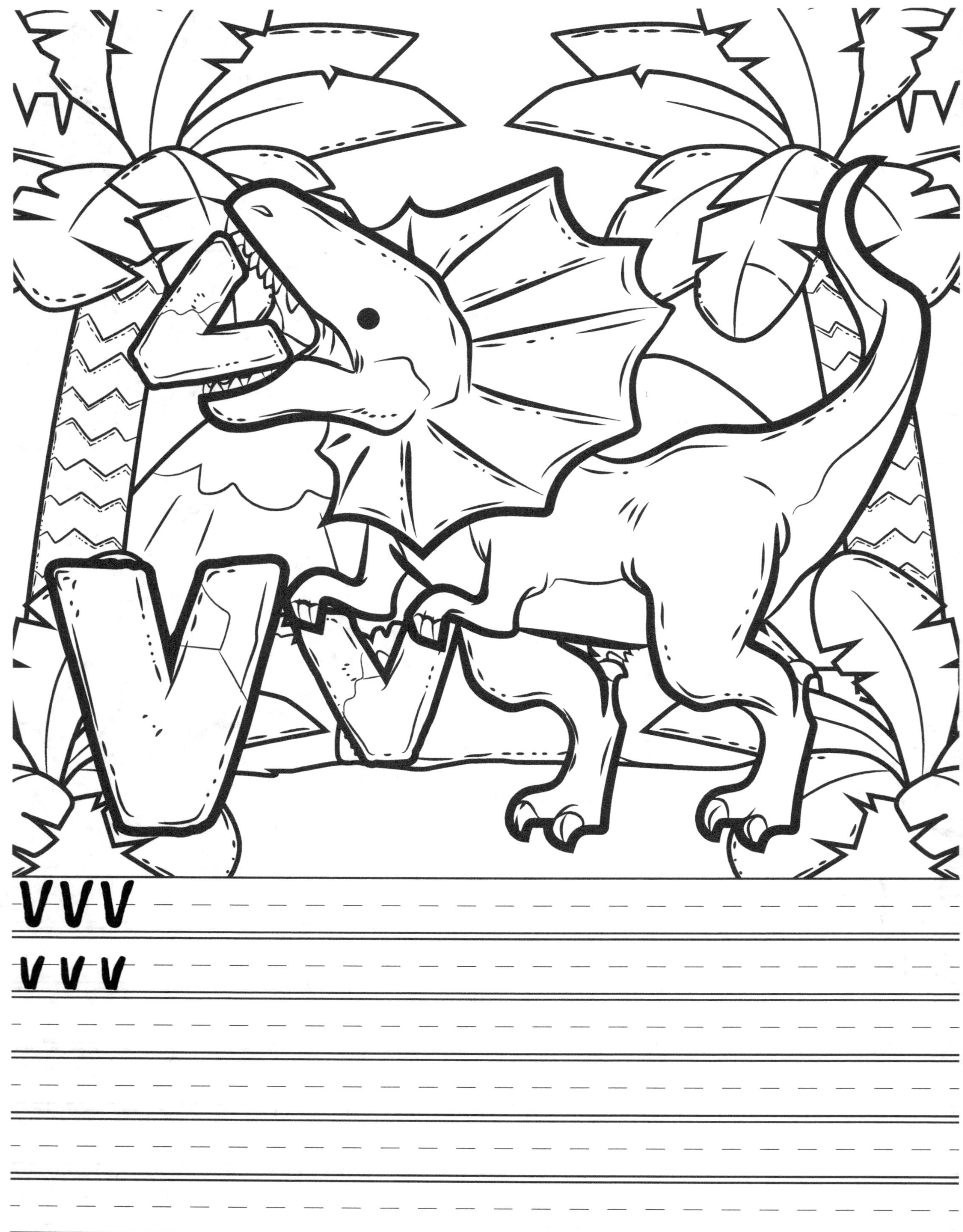
V
v v v
v v v

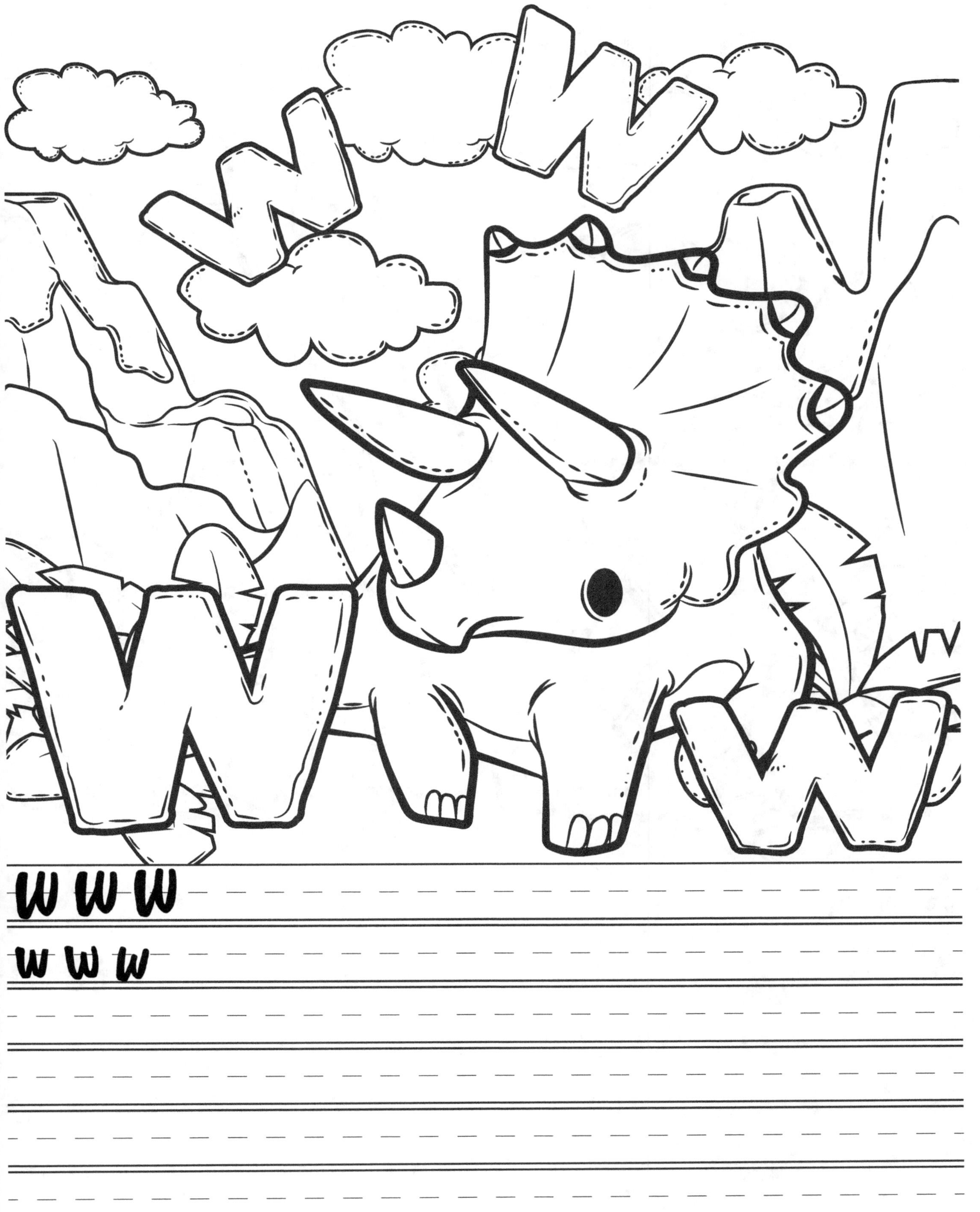

W W W
w w w

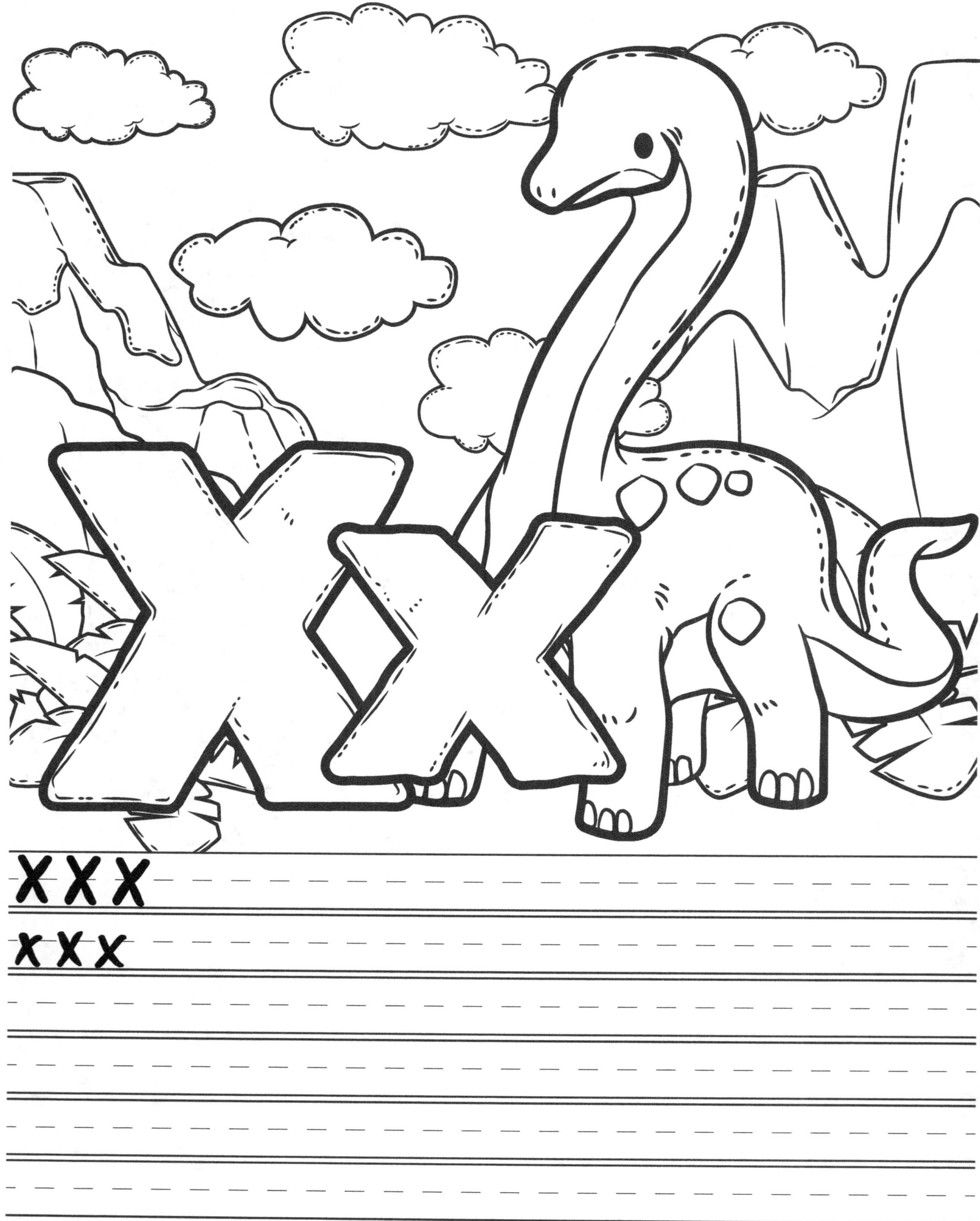

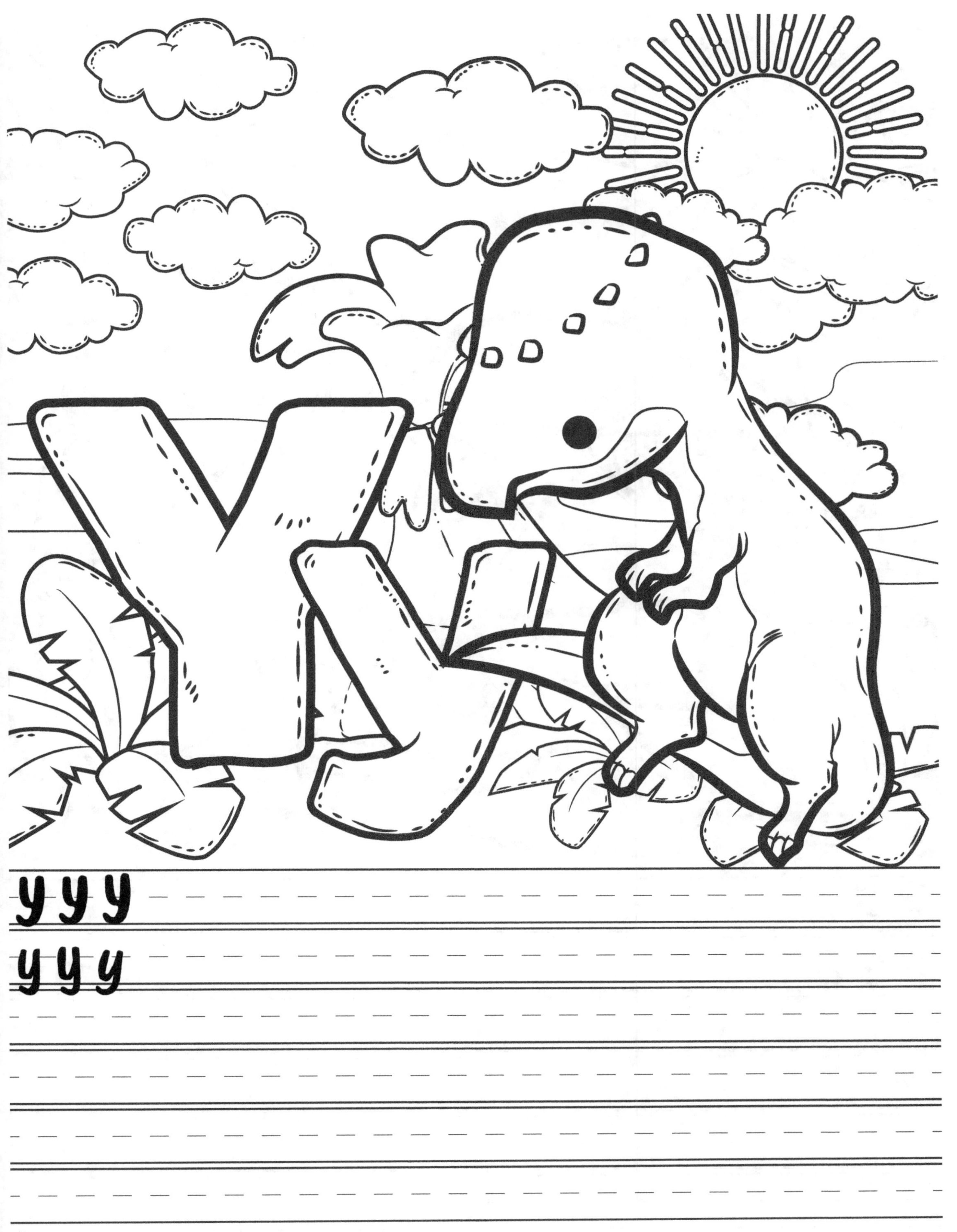
Y
y y y
y y y

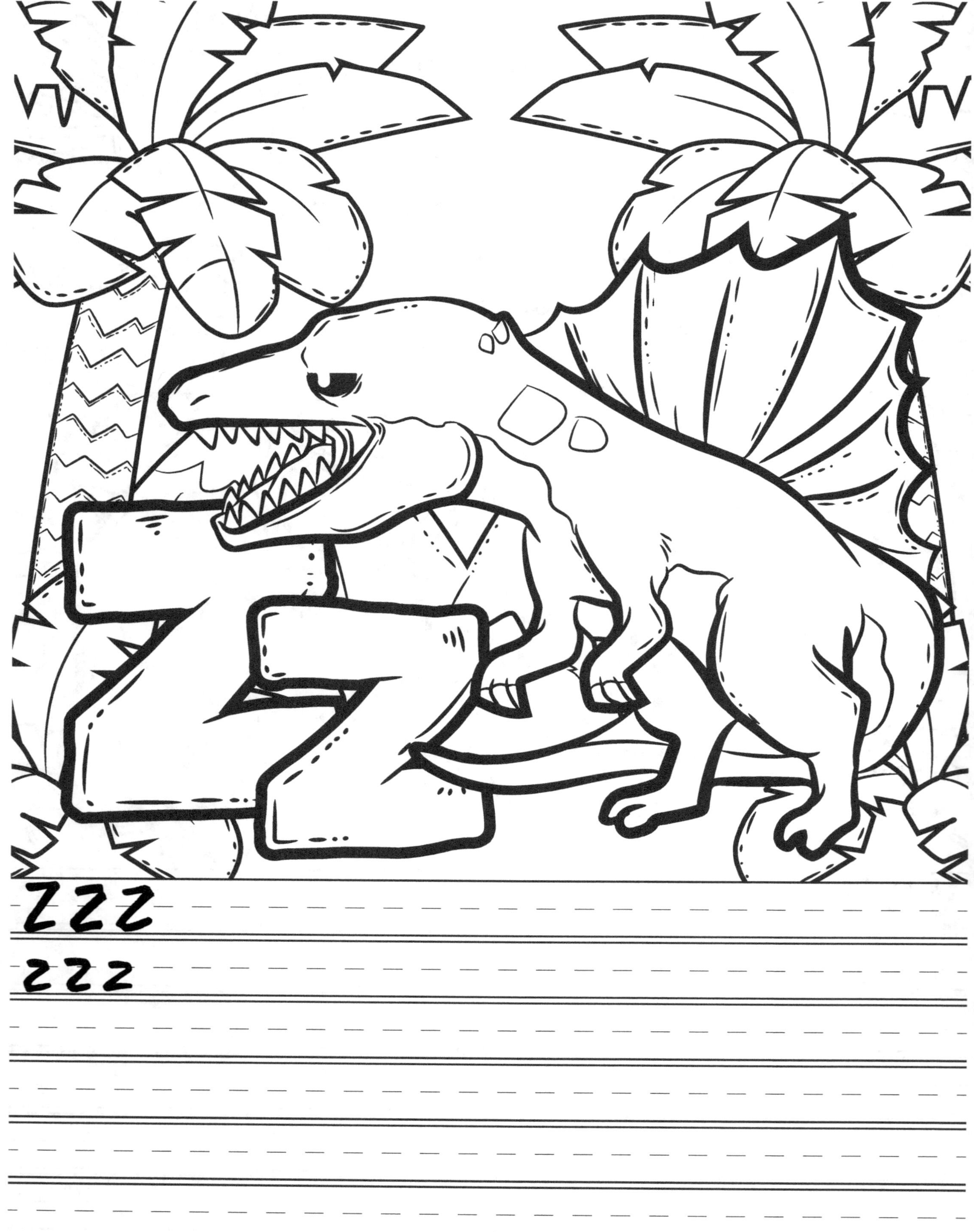
Zzz
zzz

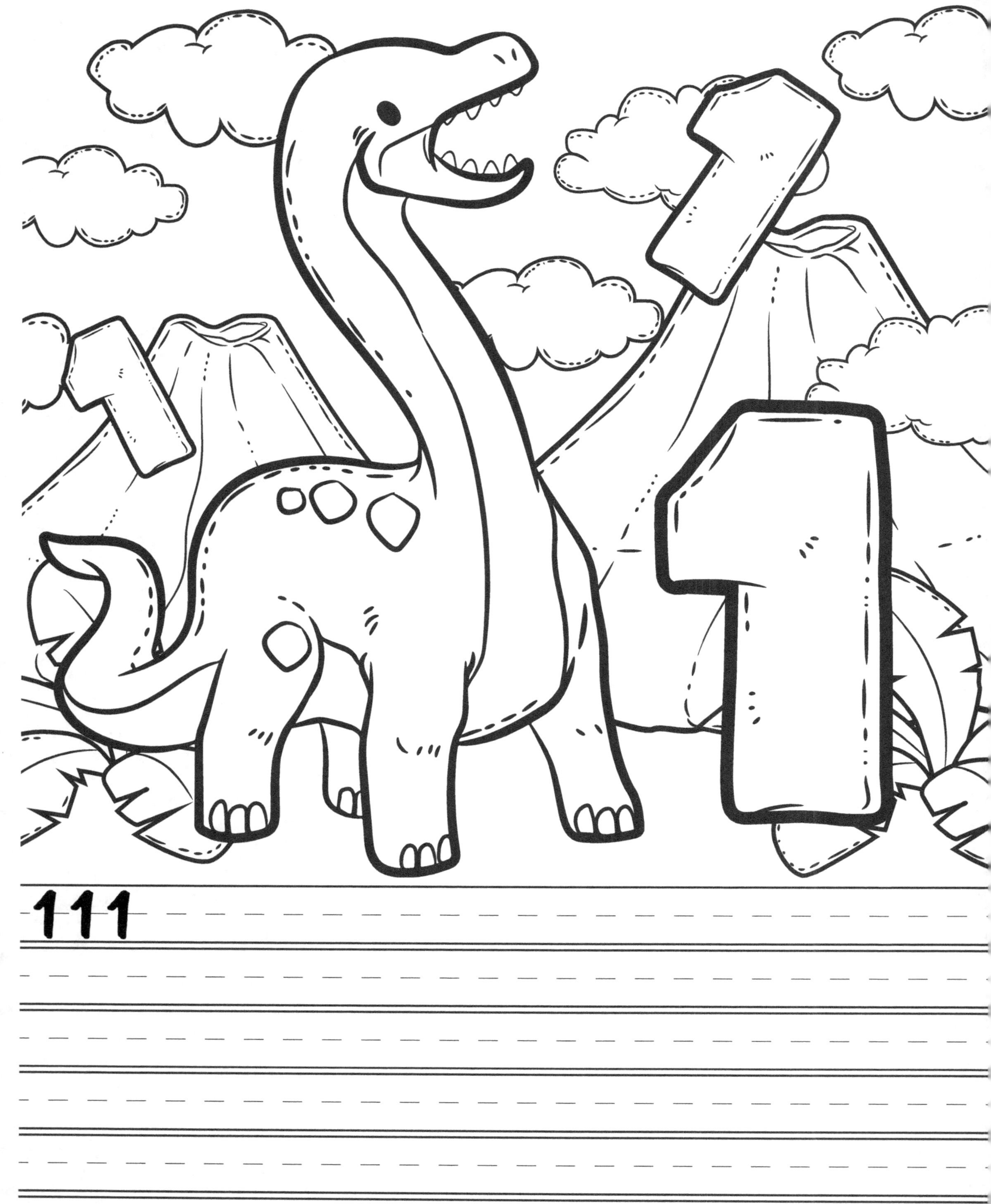

111

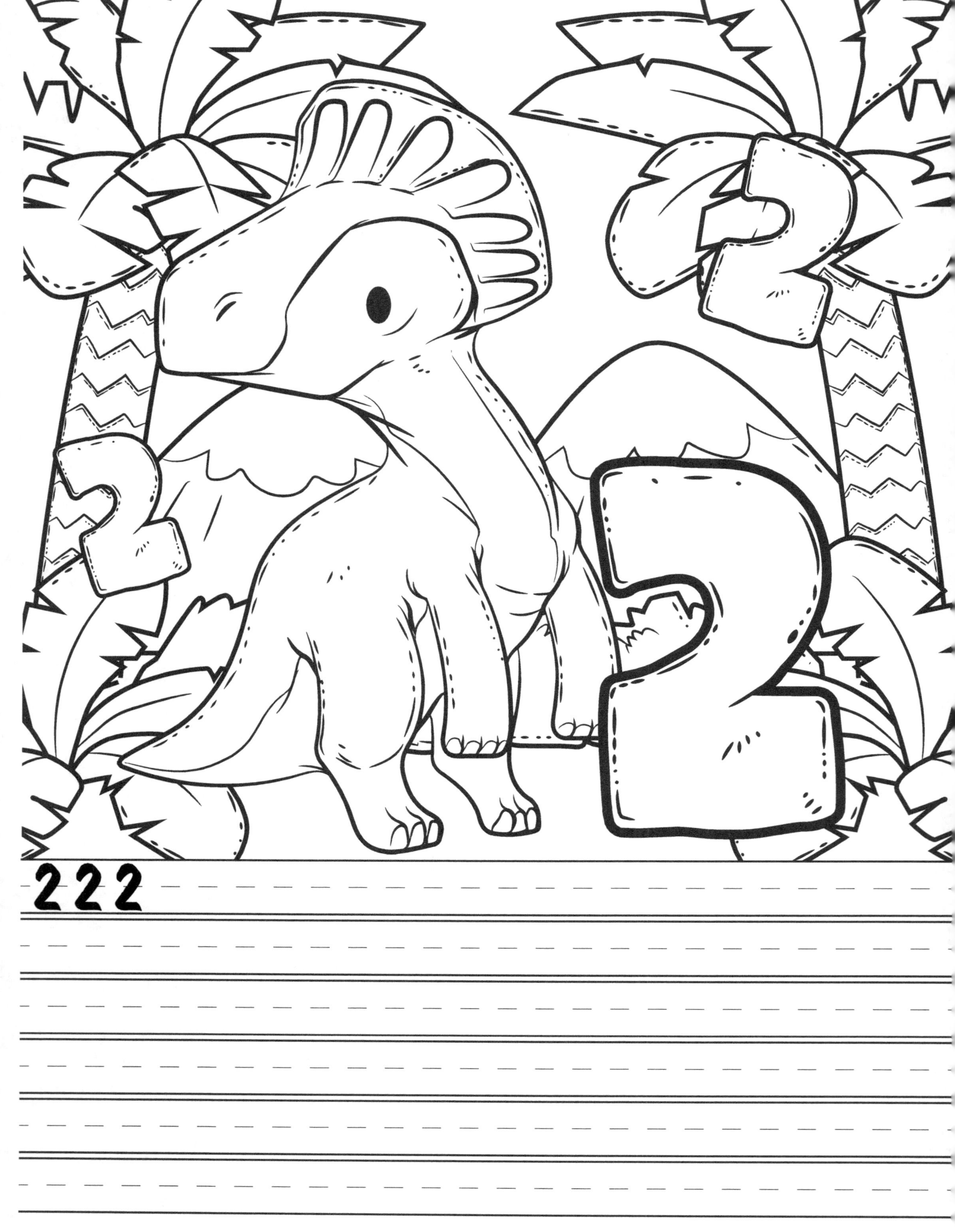

222

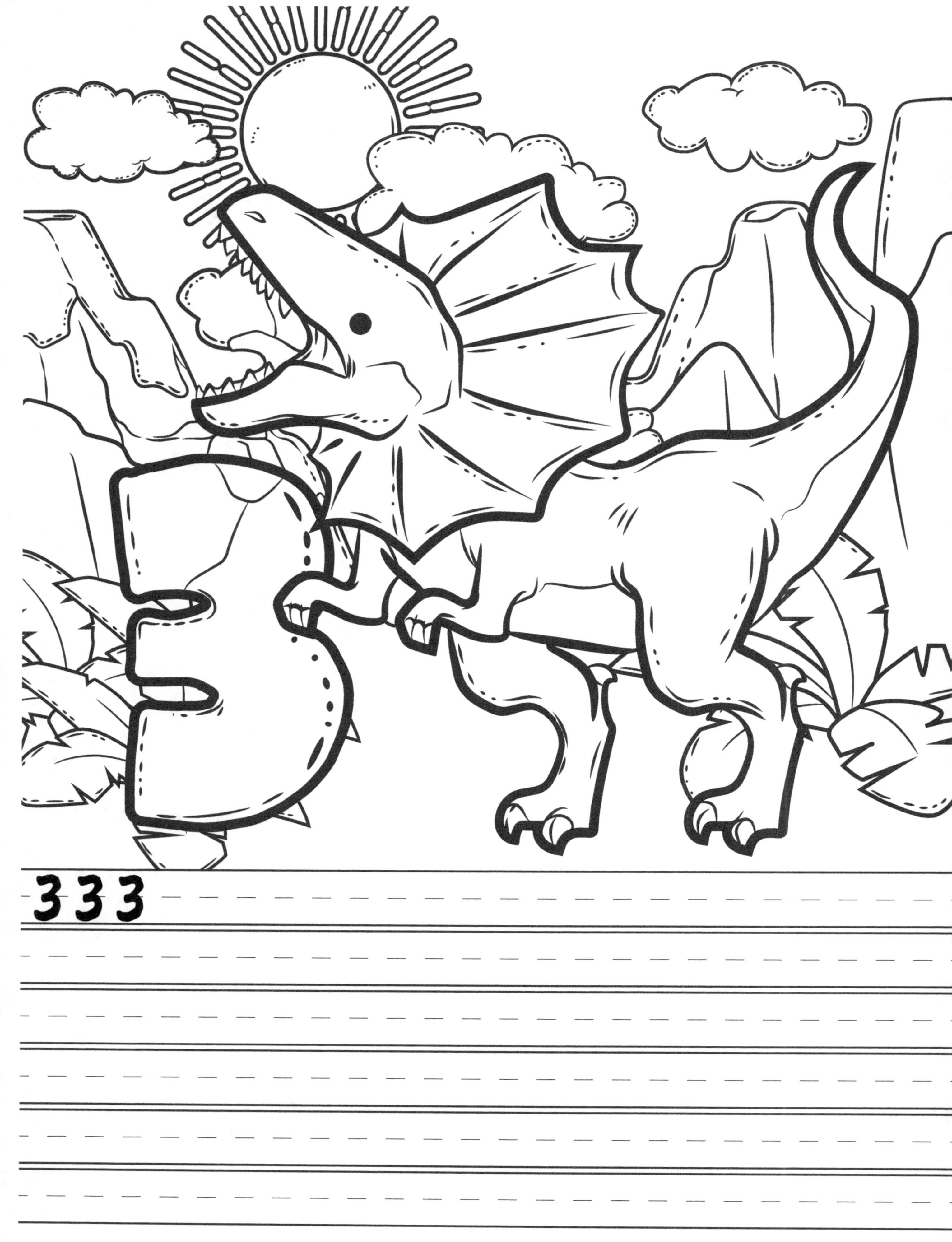
333

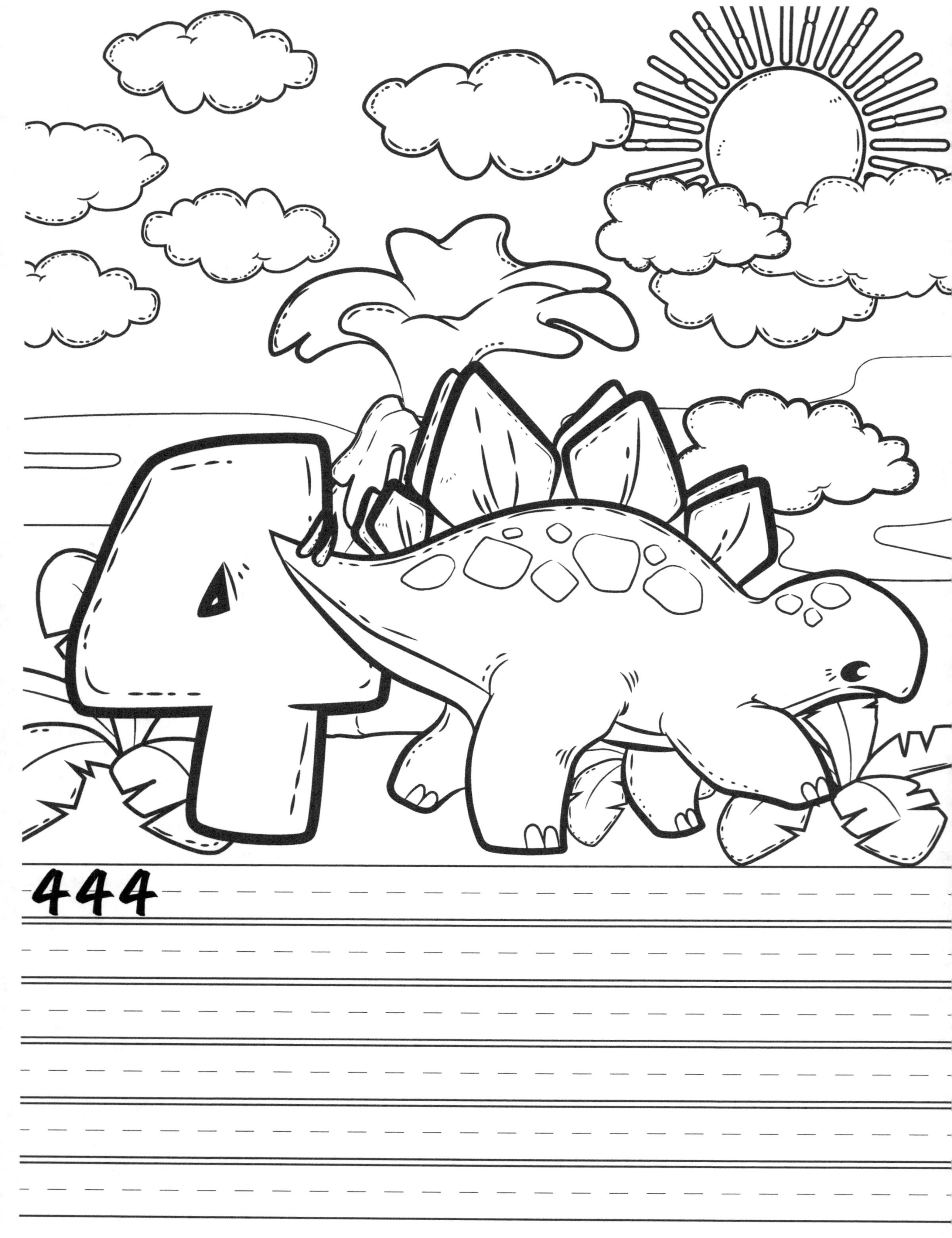

444

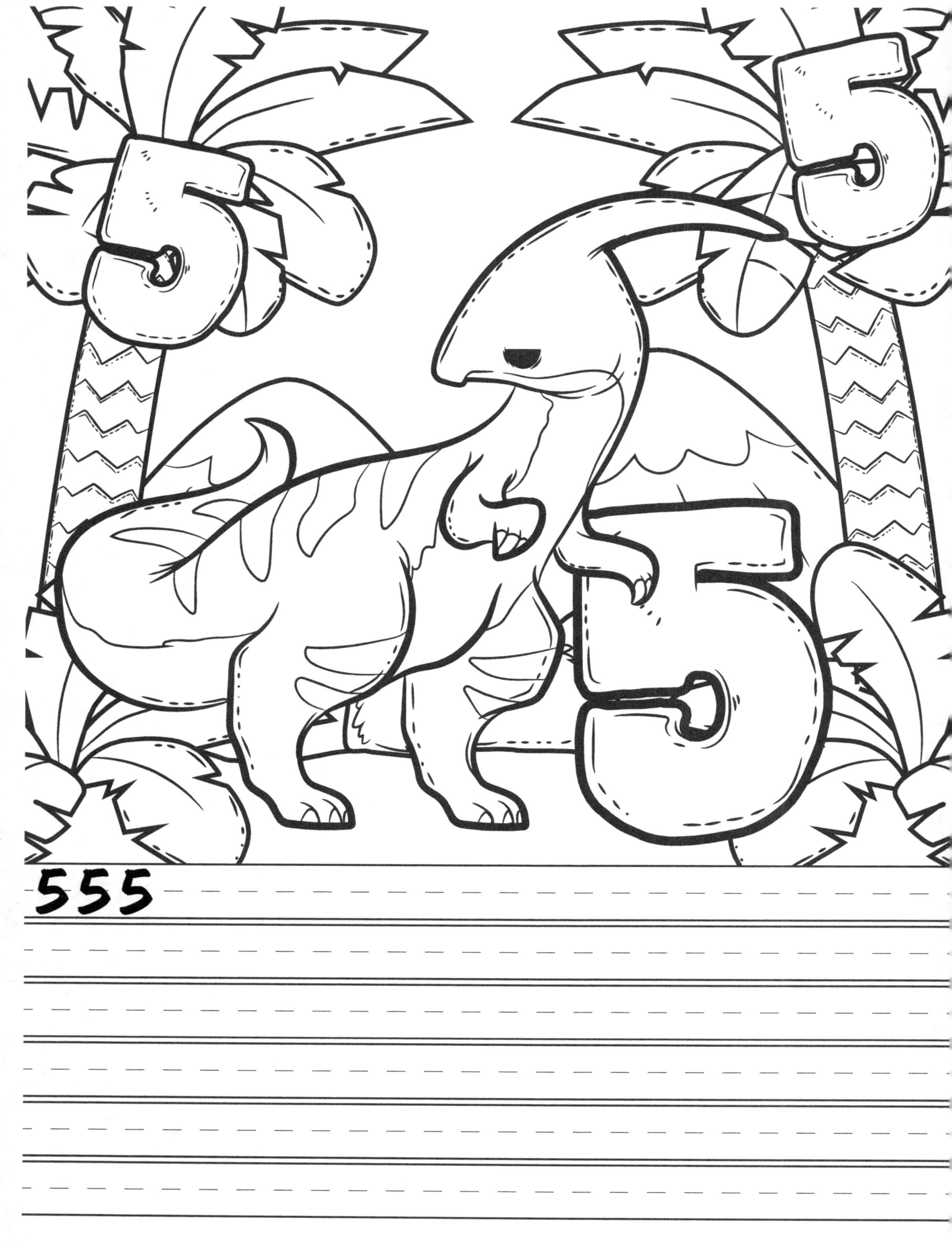
555

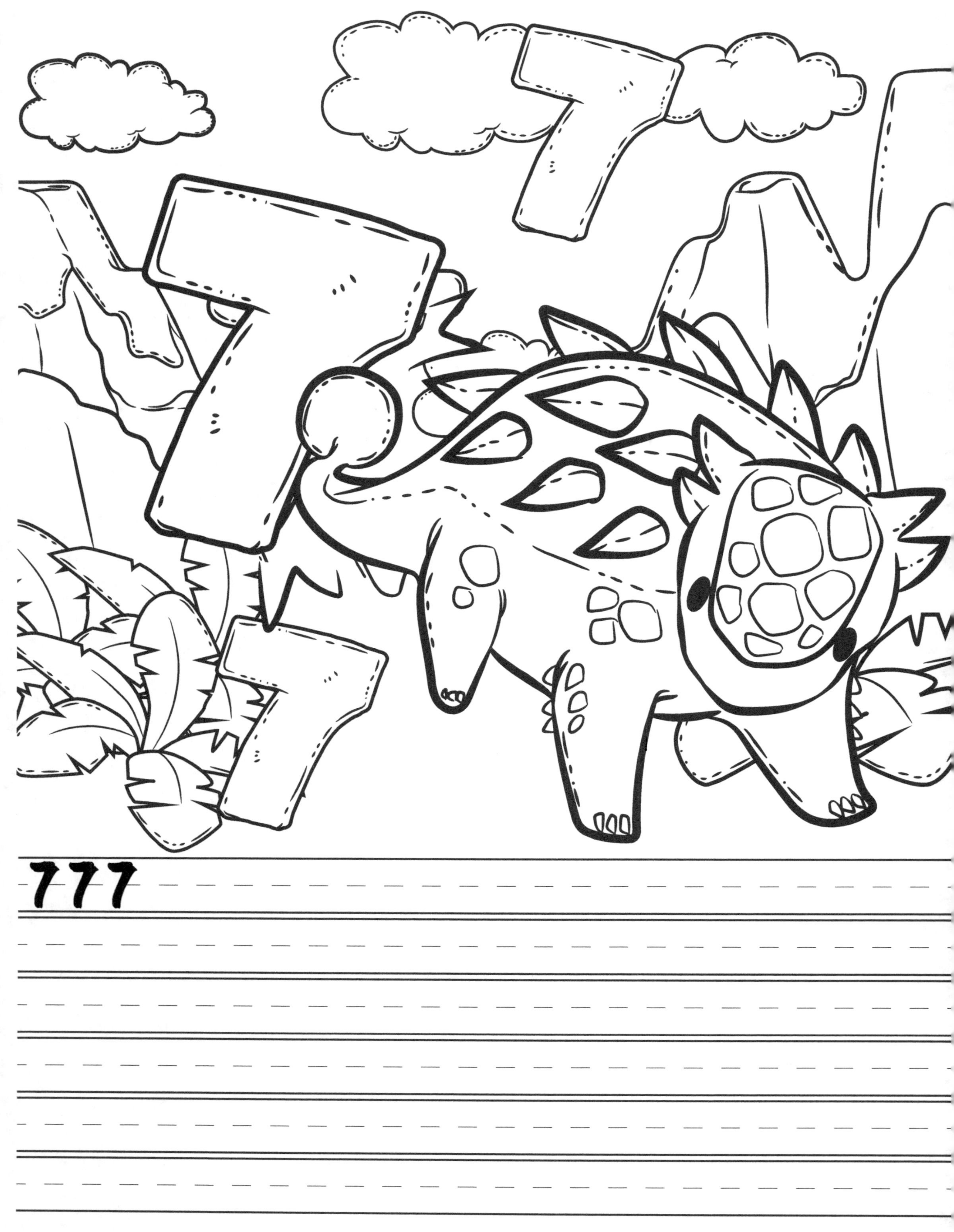

777

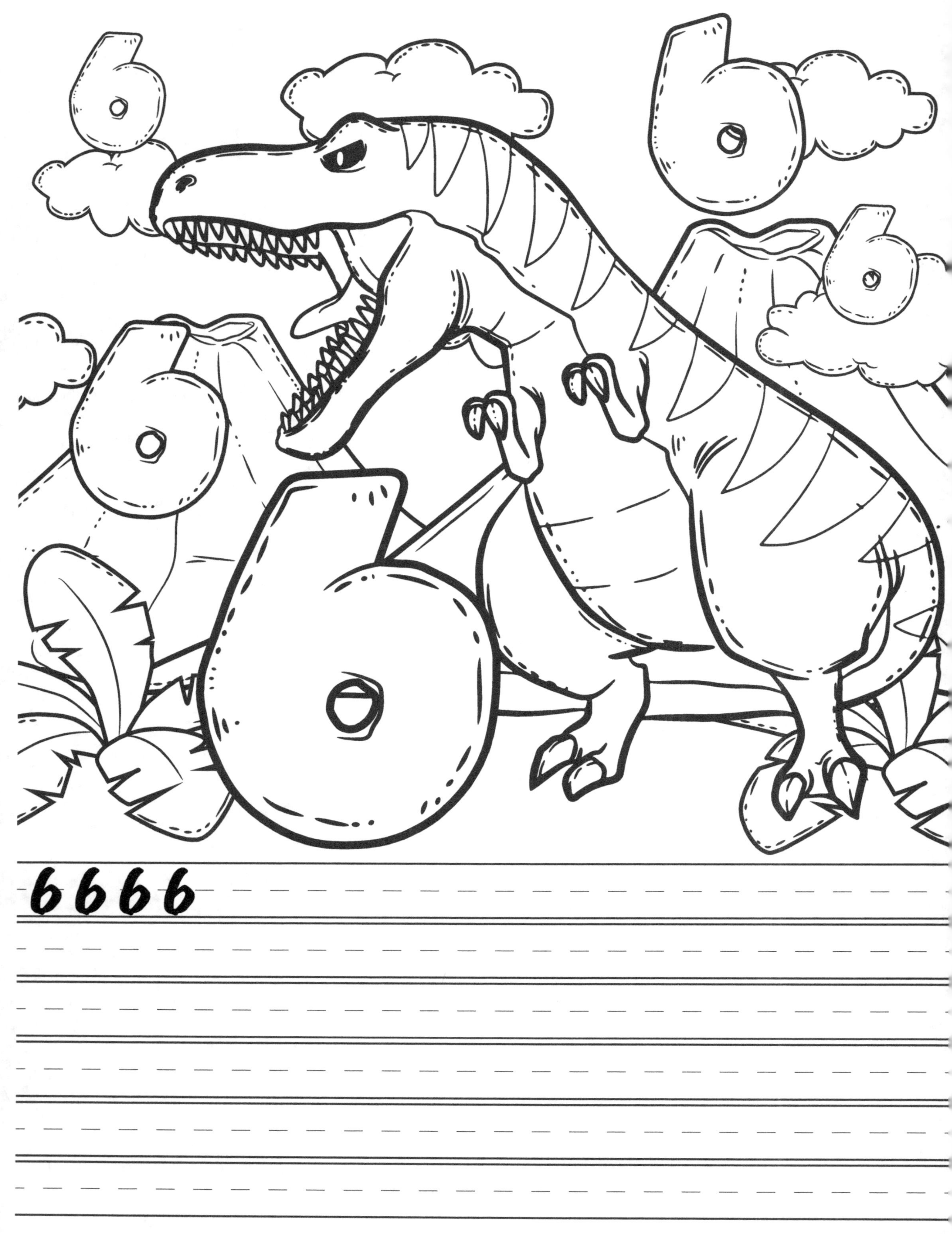

6666

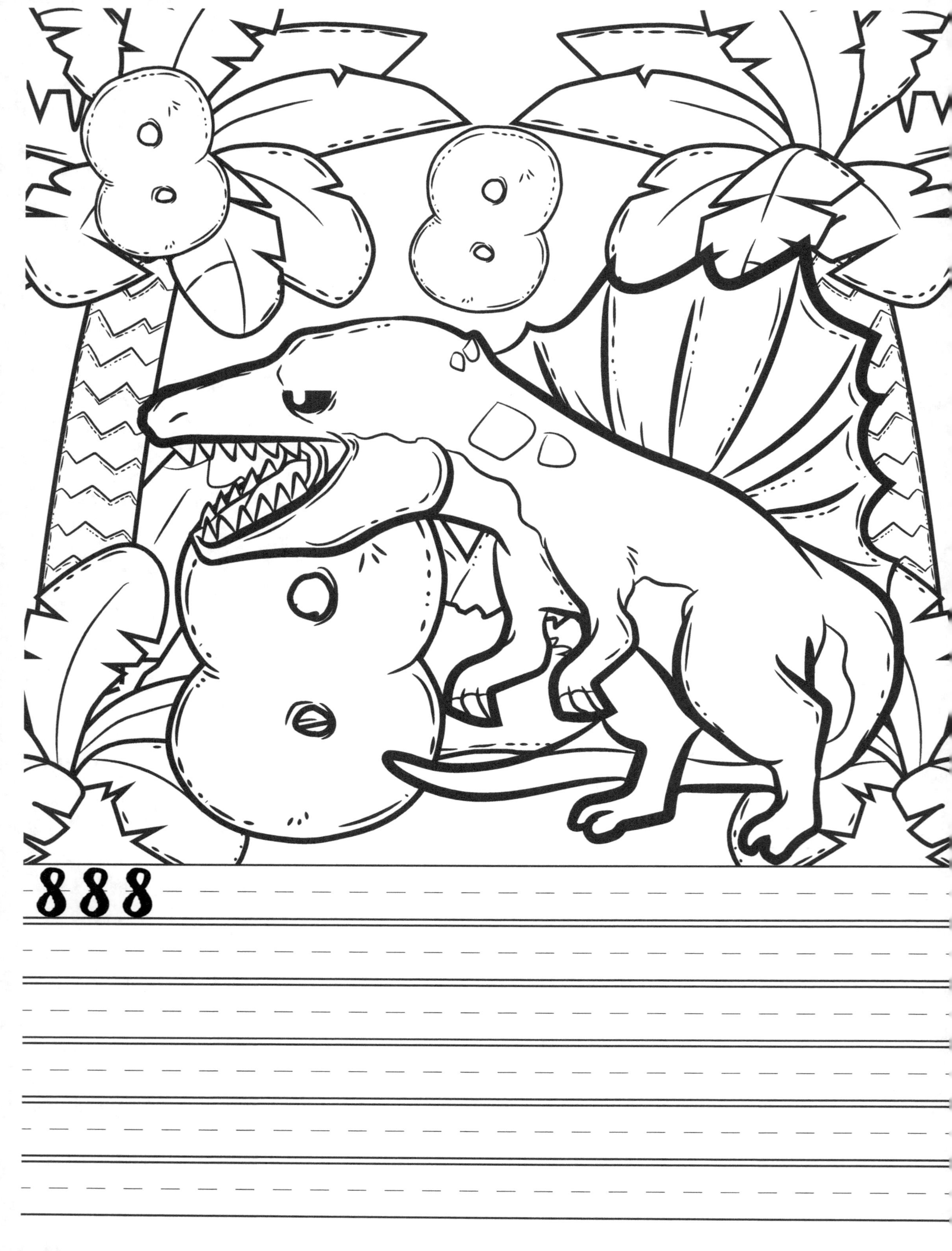
888

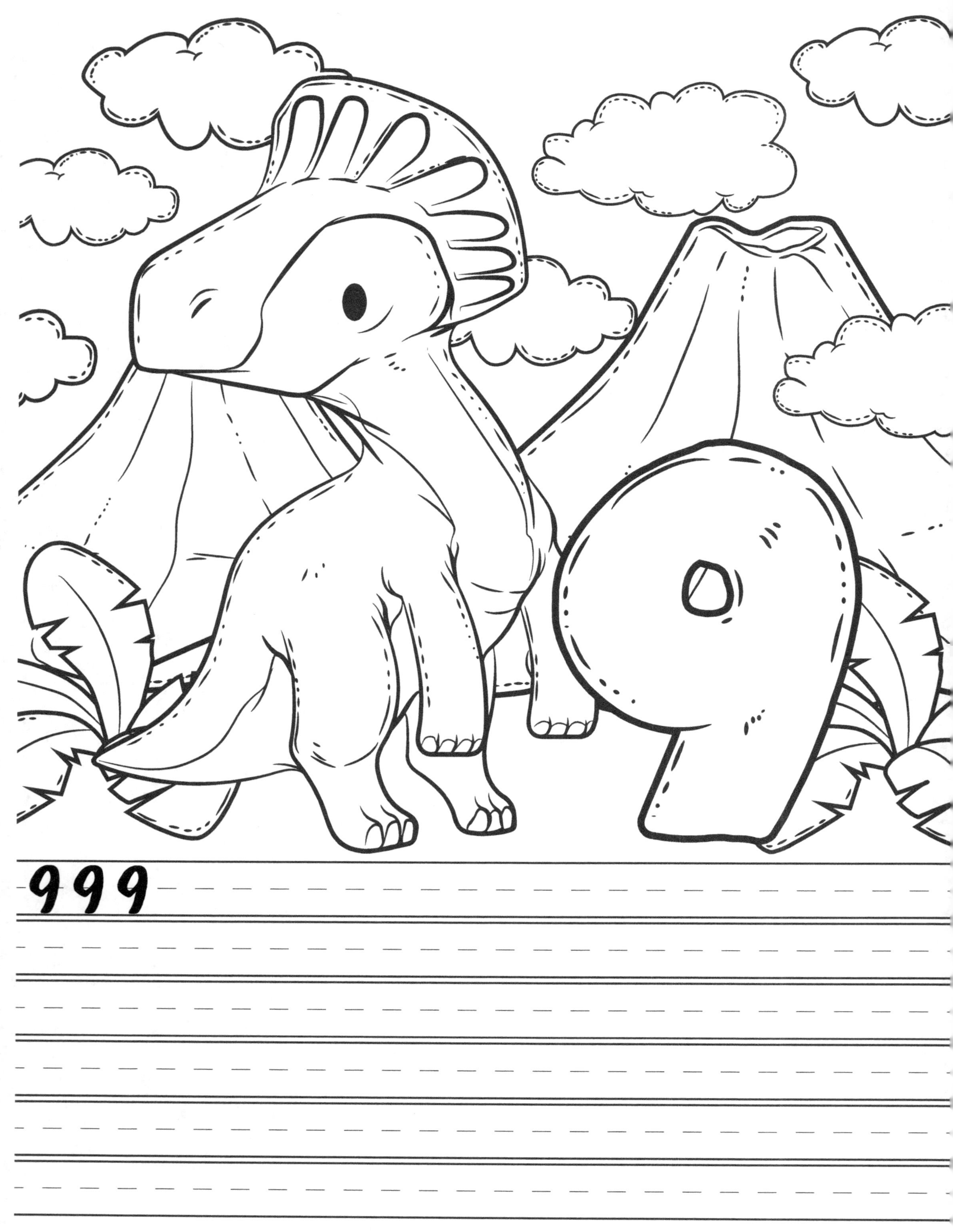
999

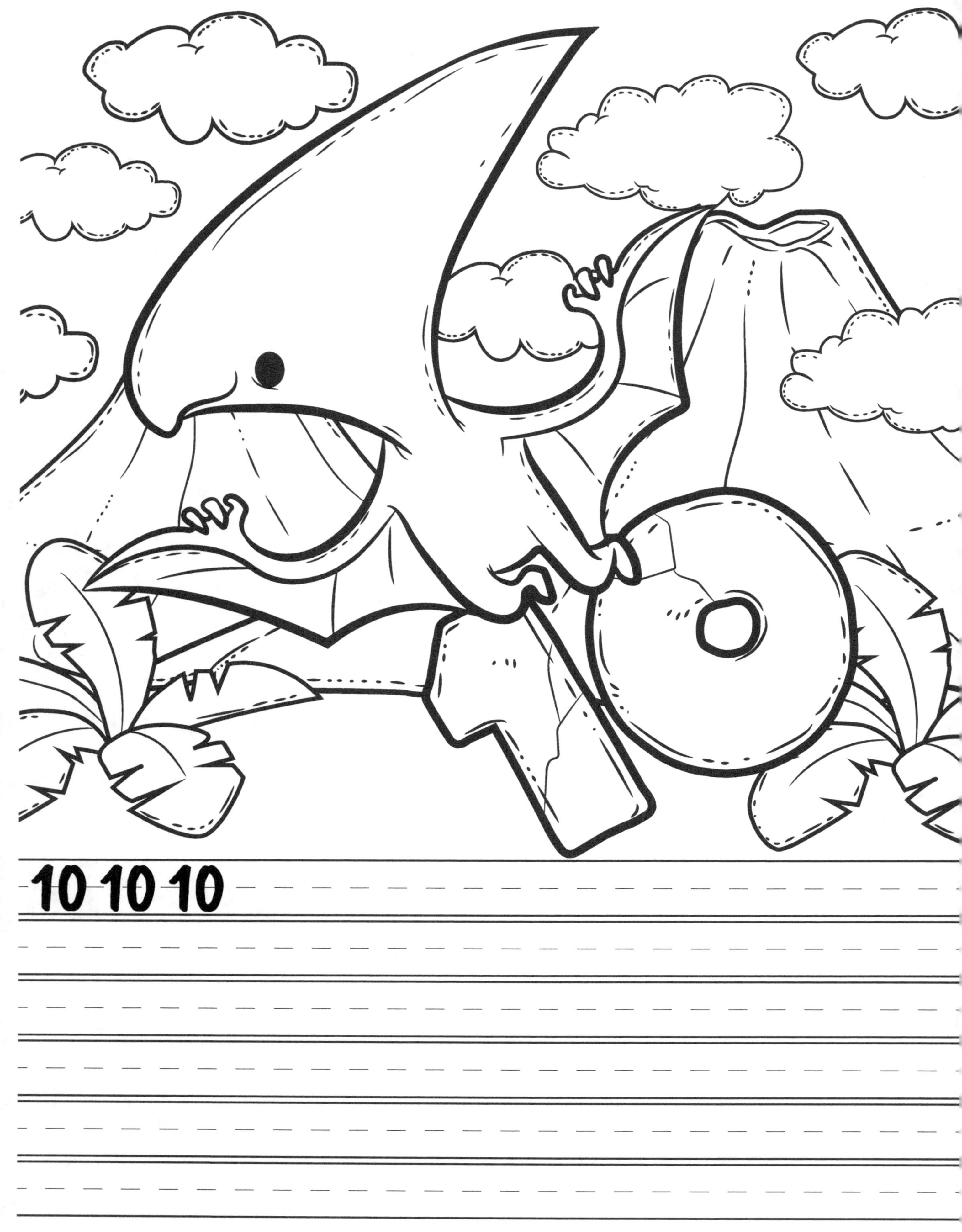
10 10 10

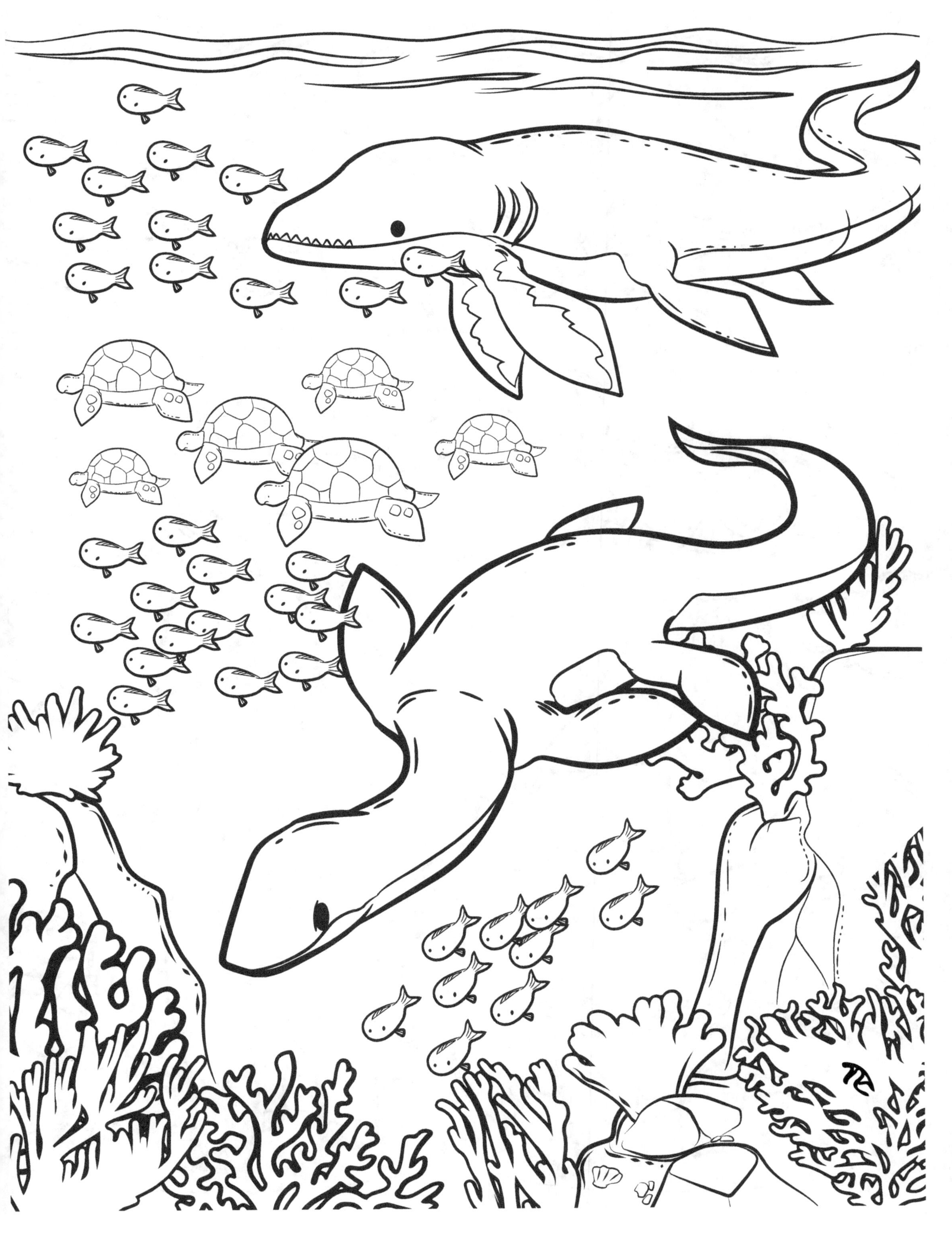

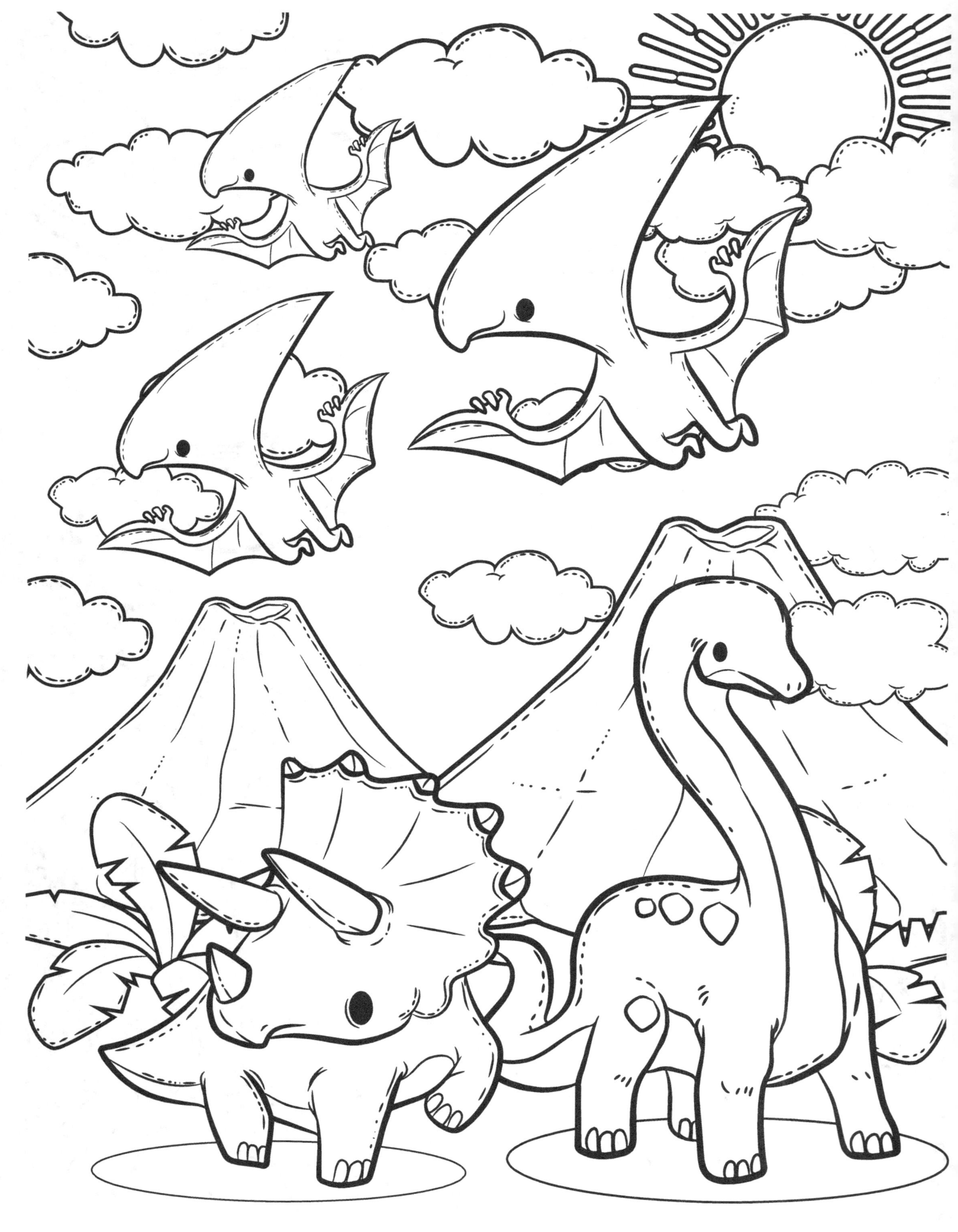

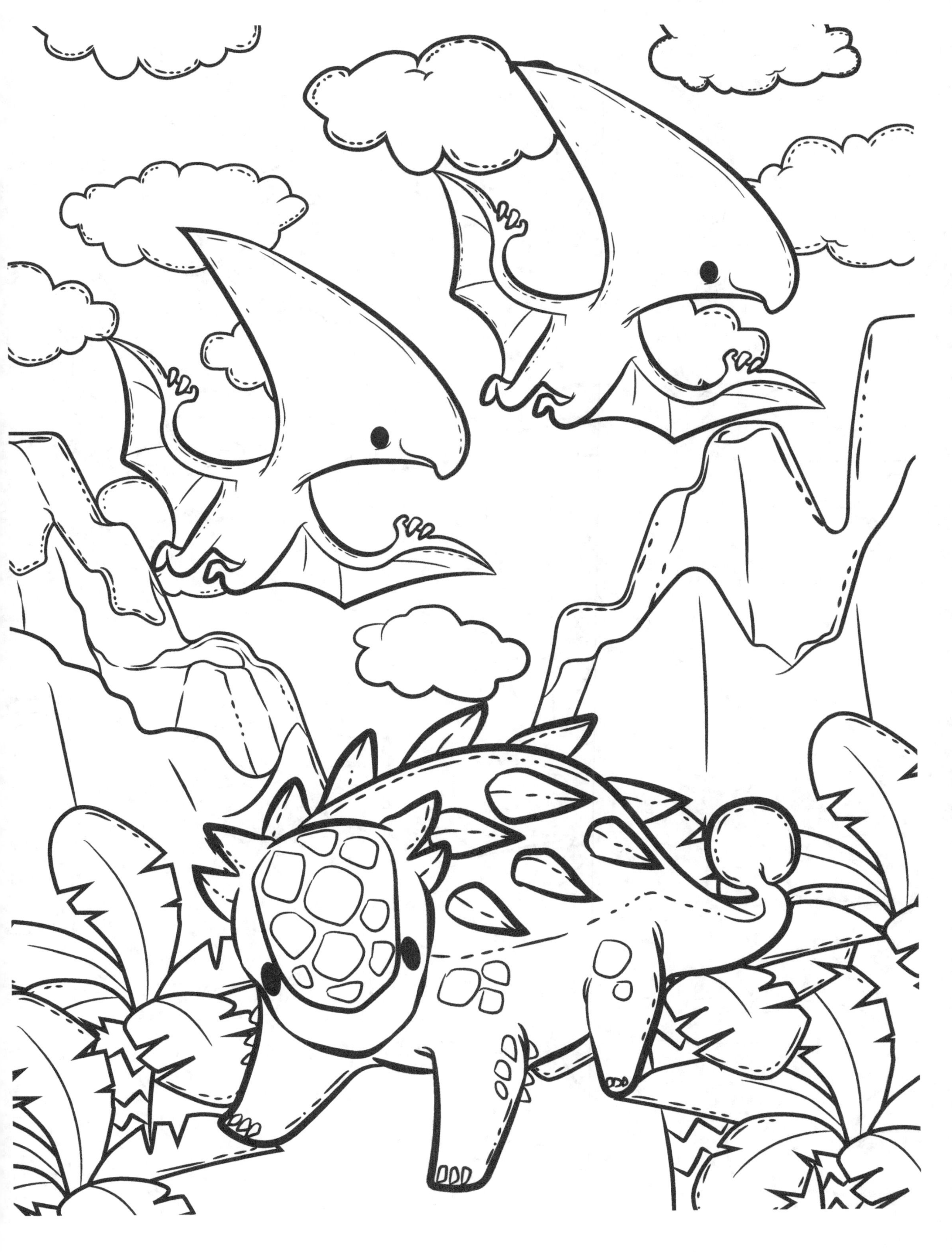

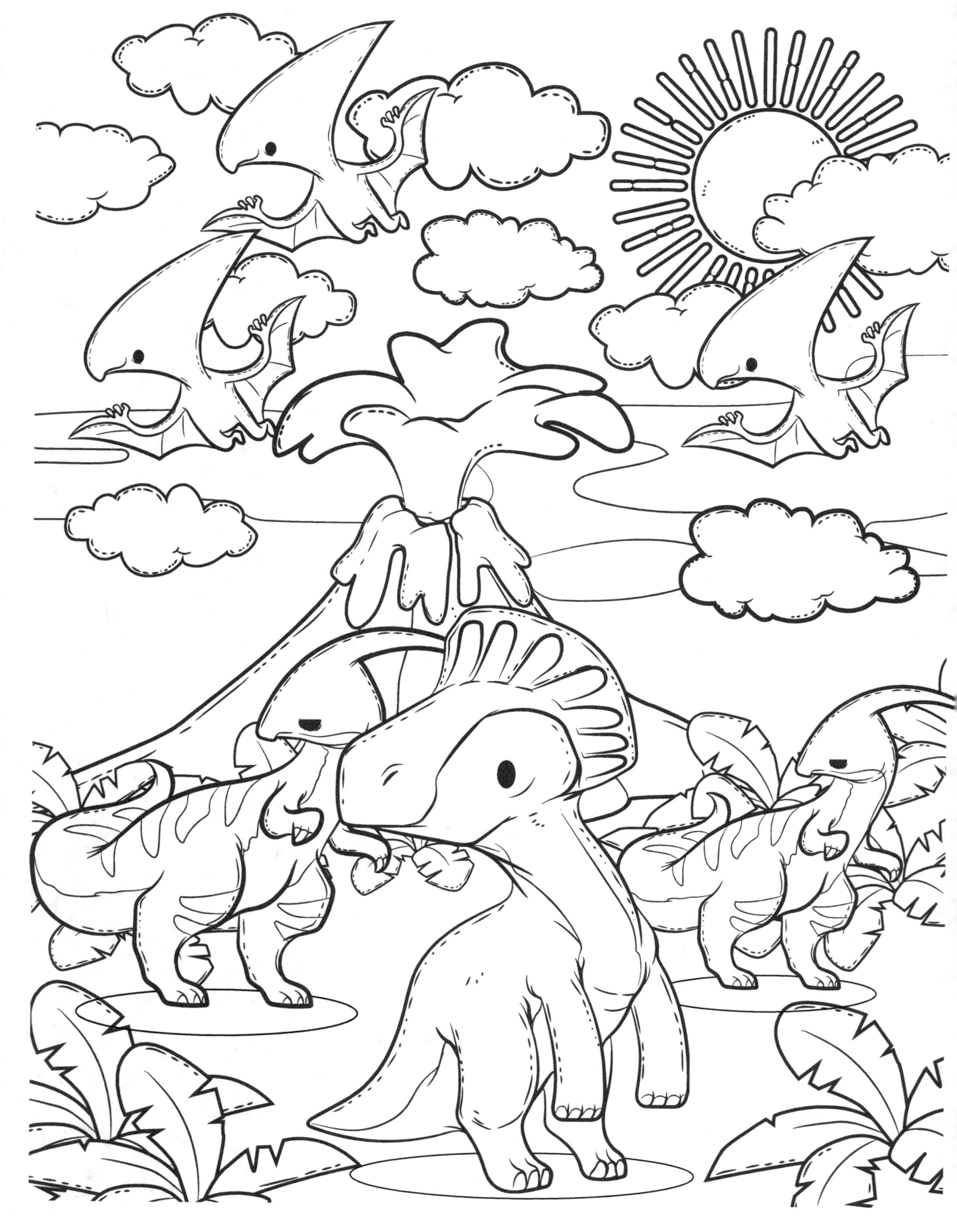

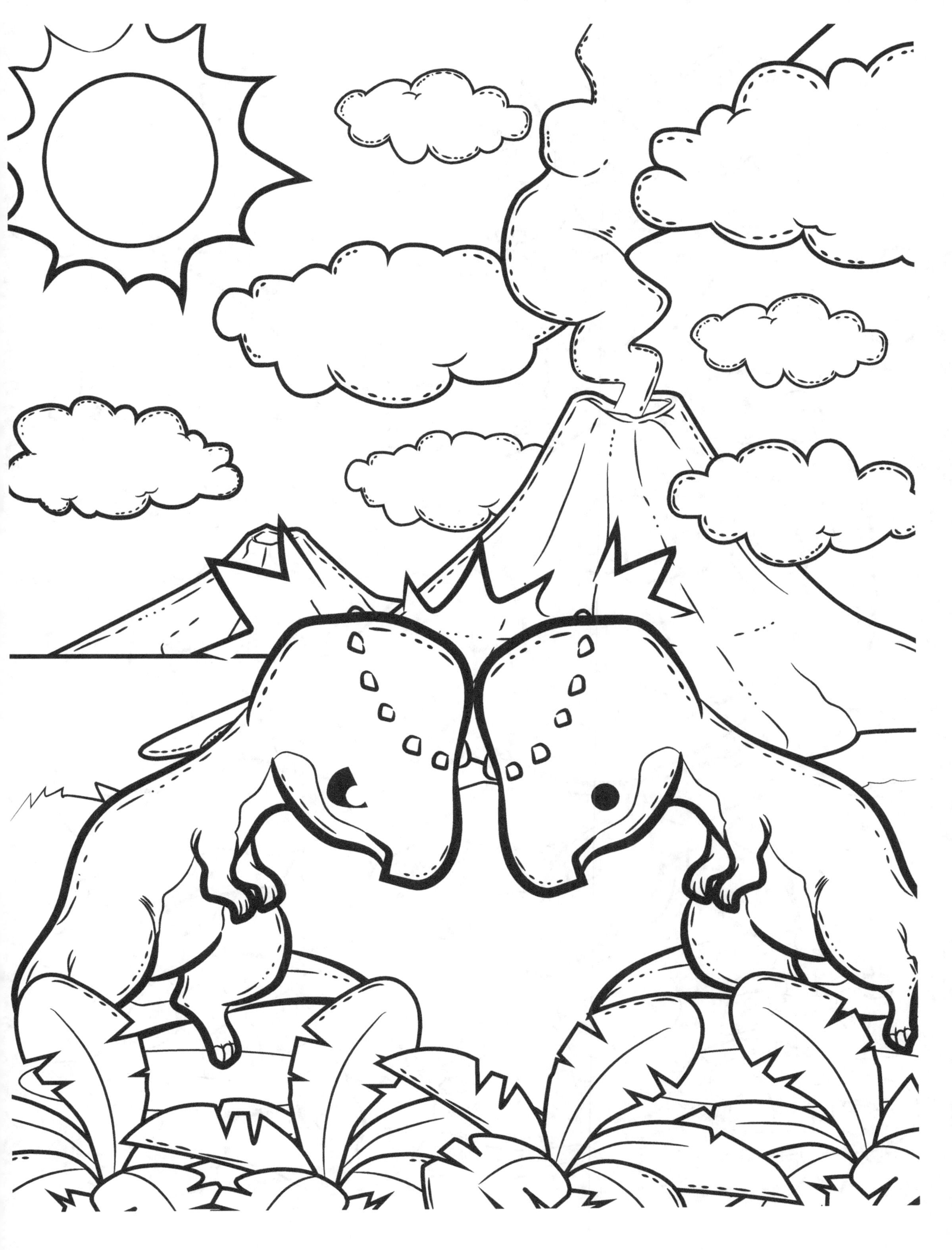

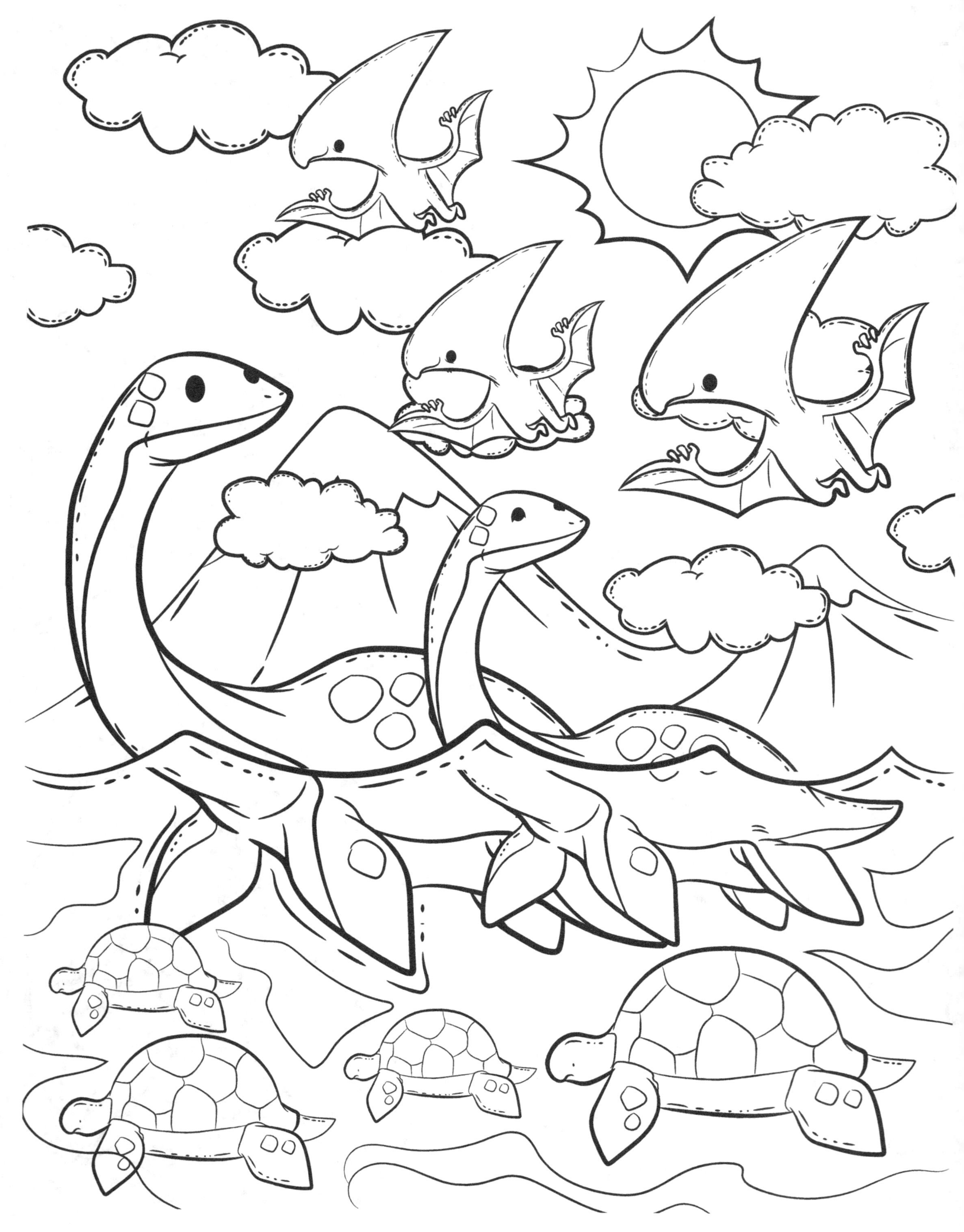

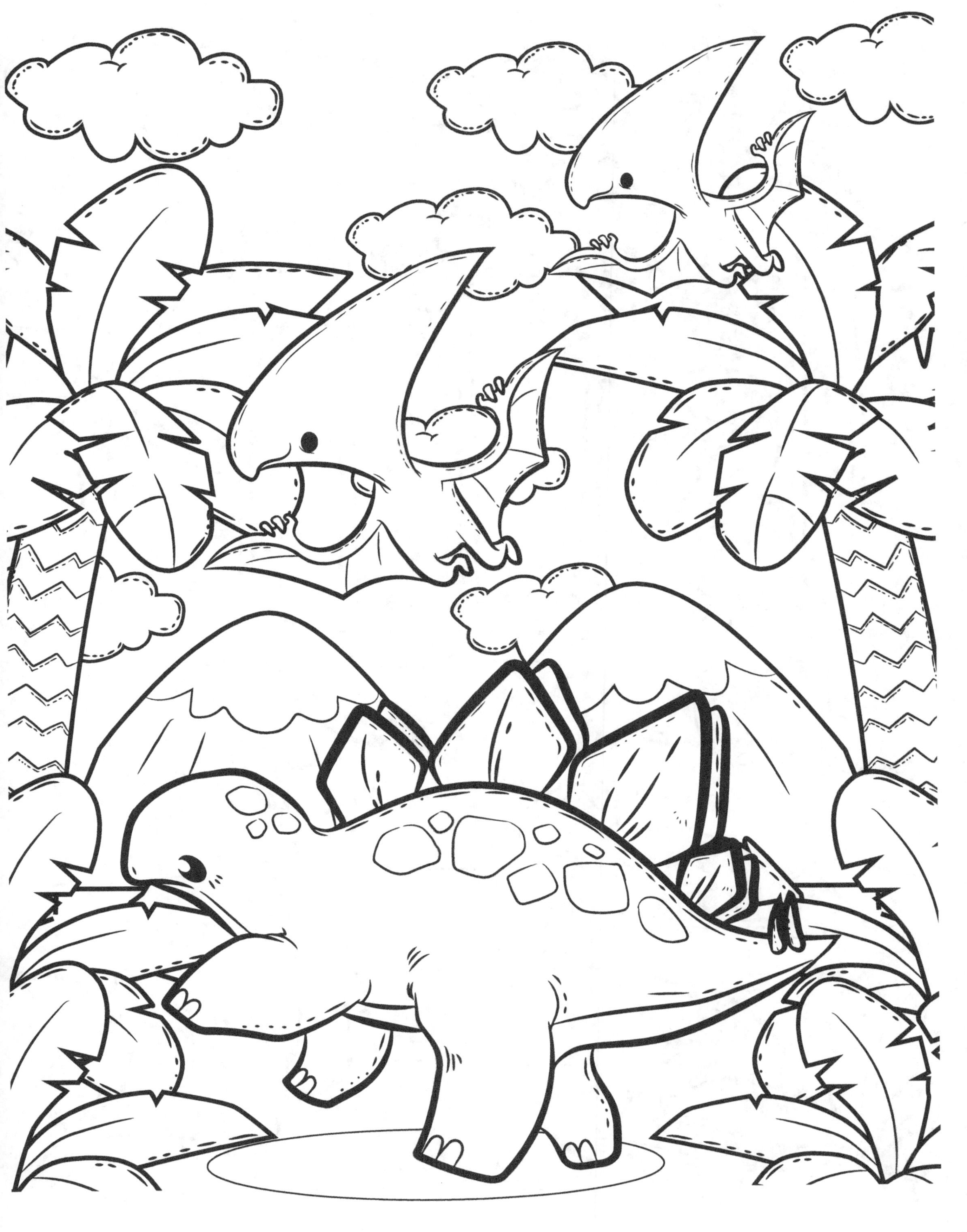

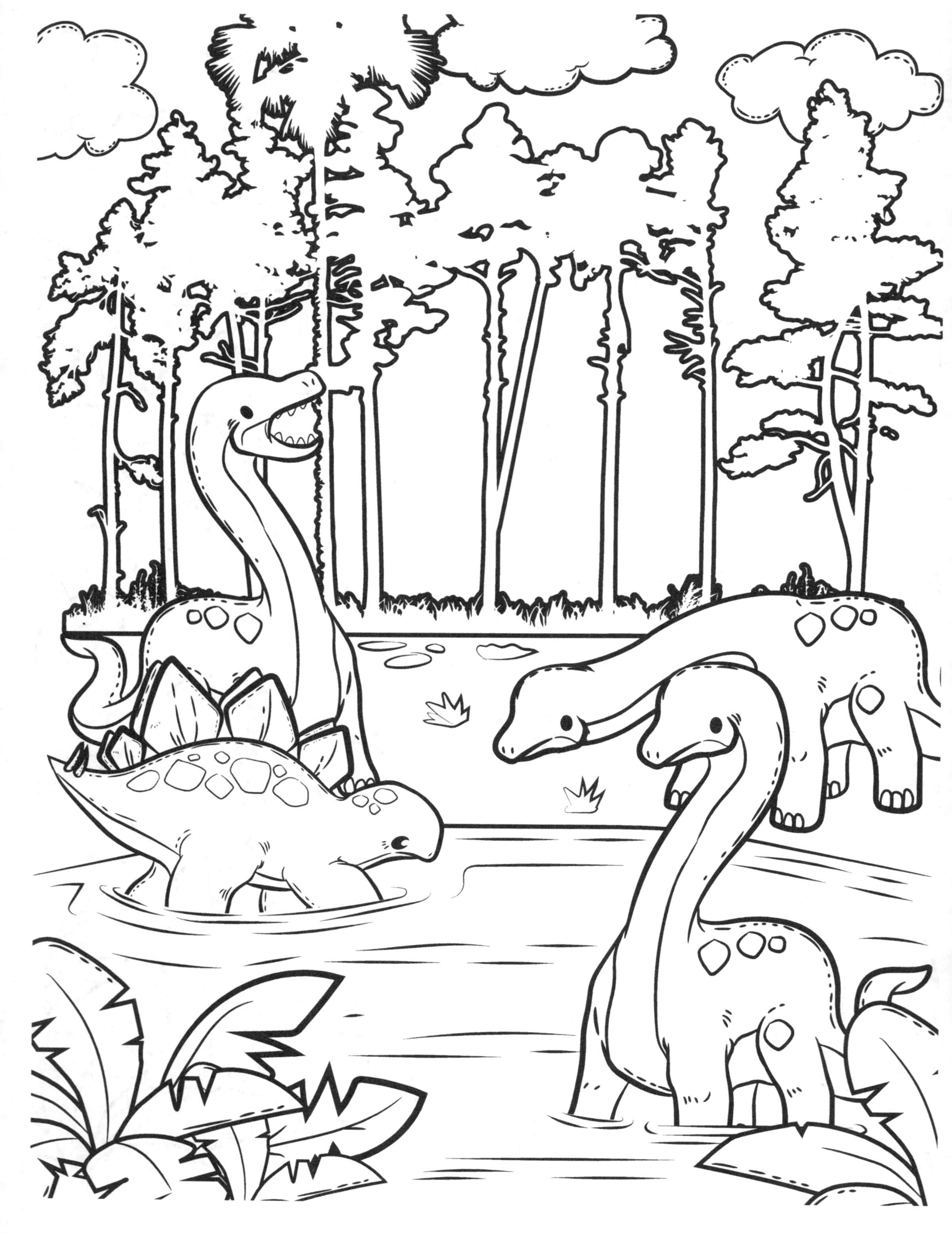

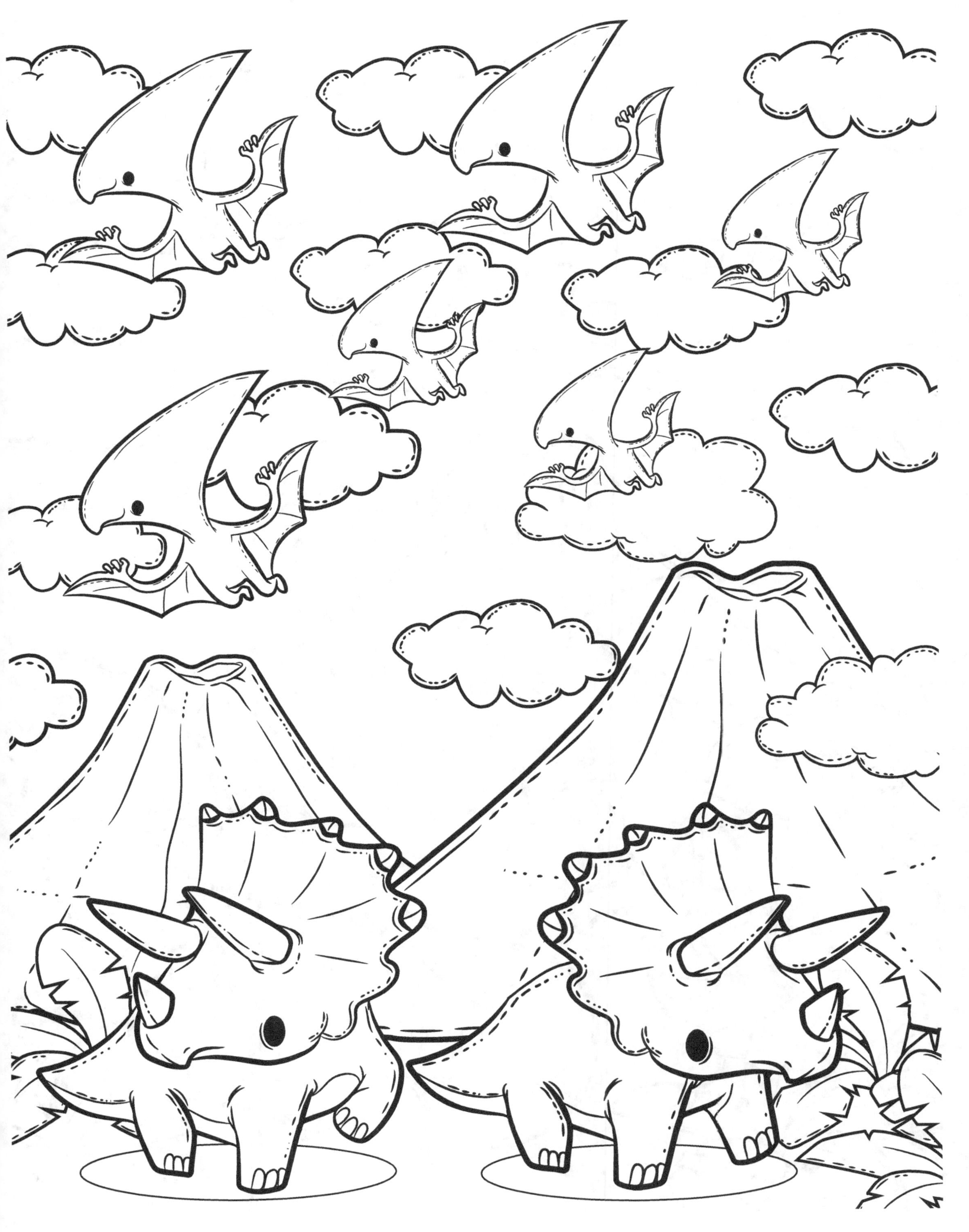

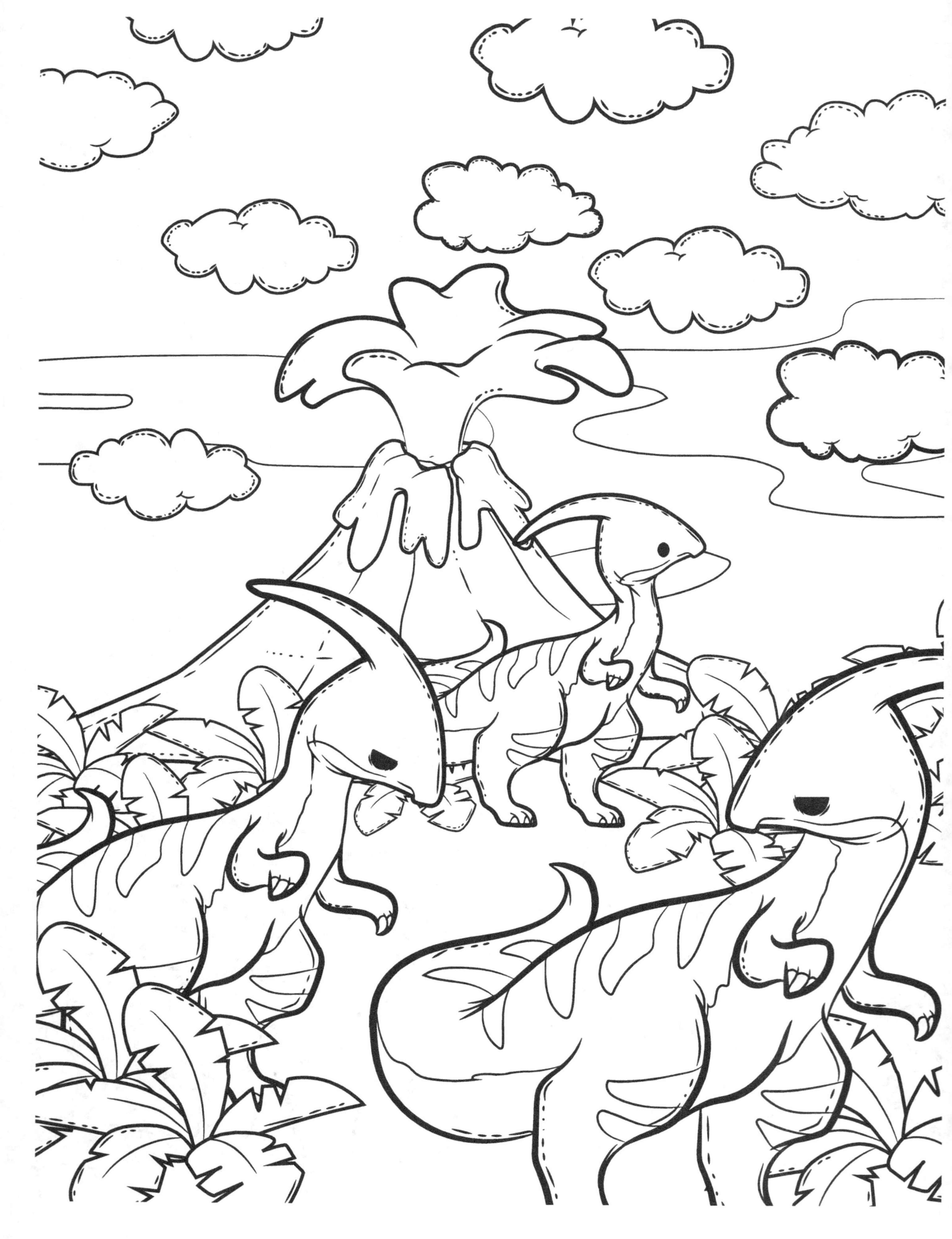

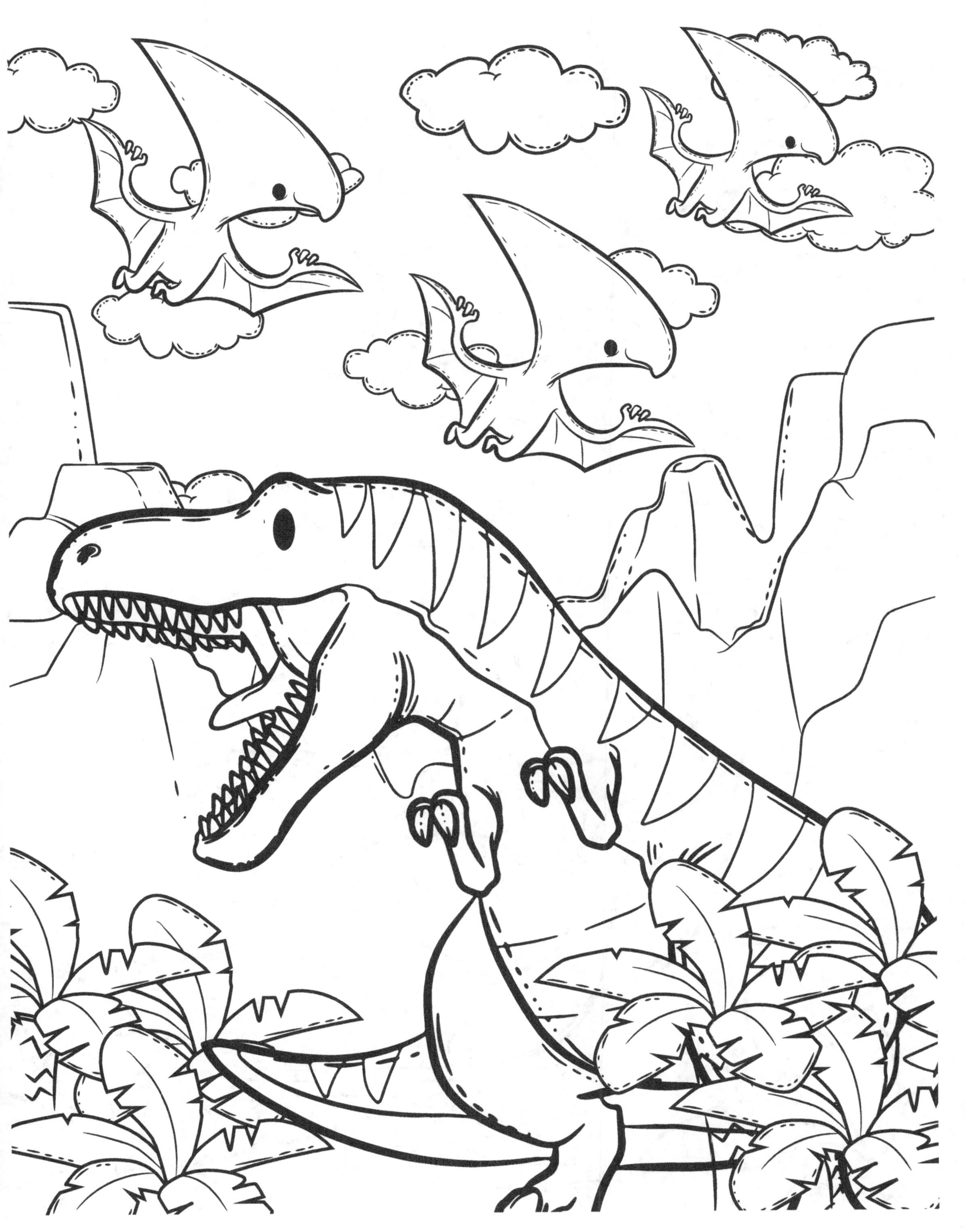

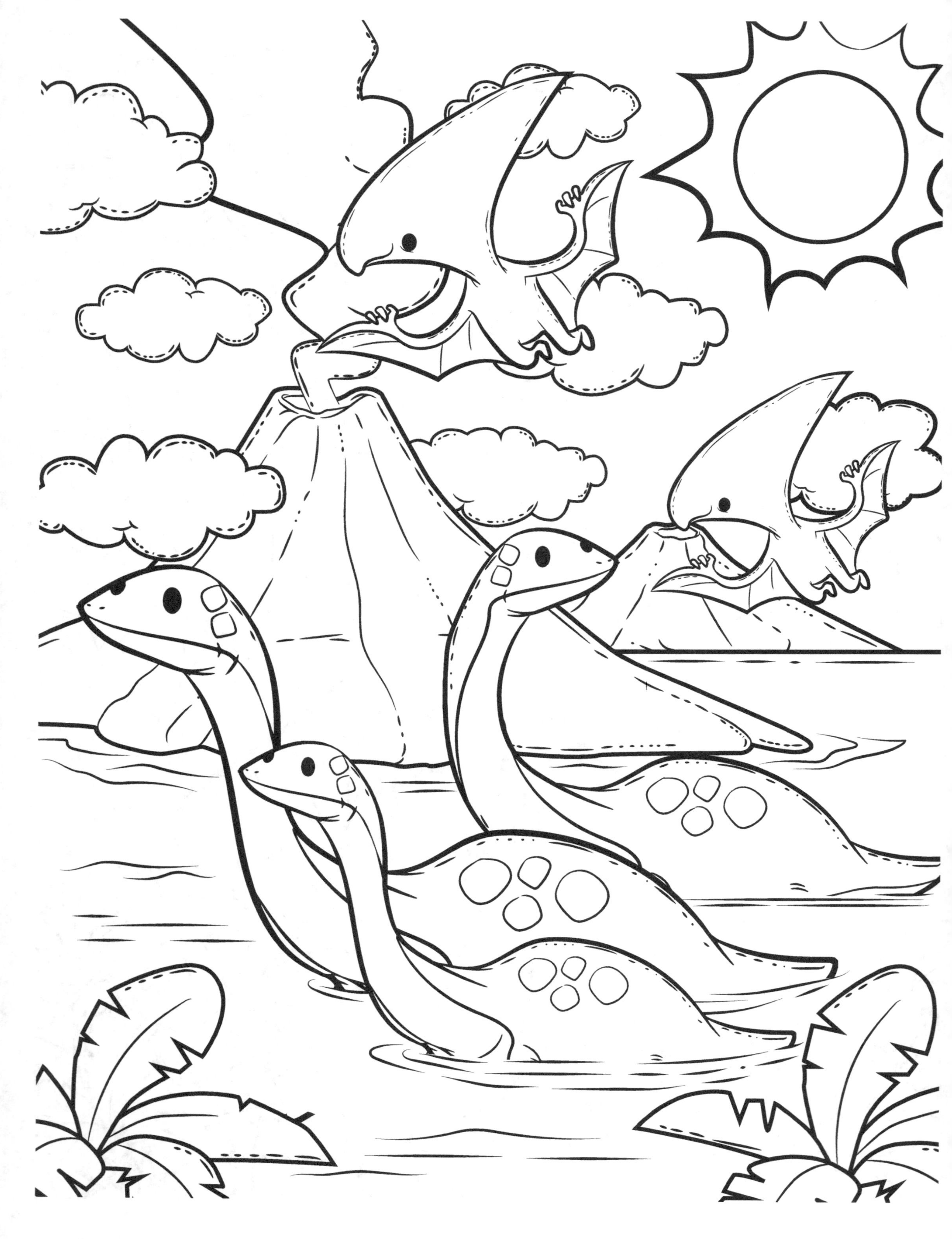

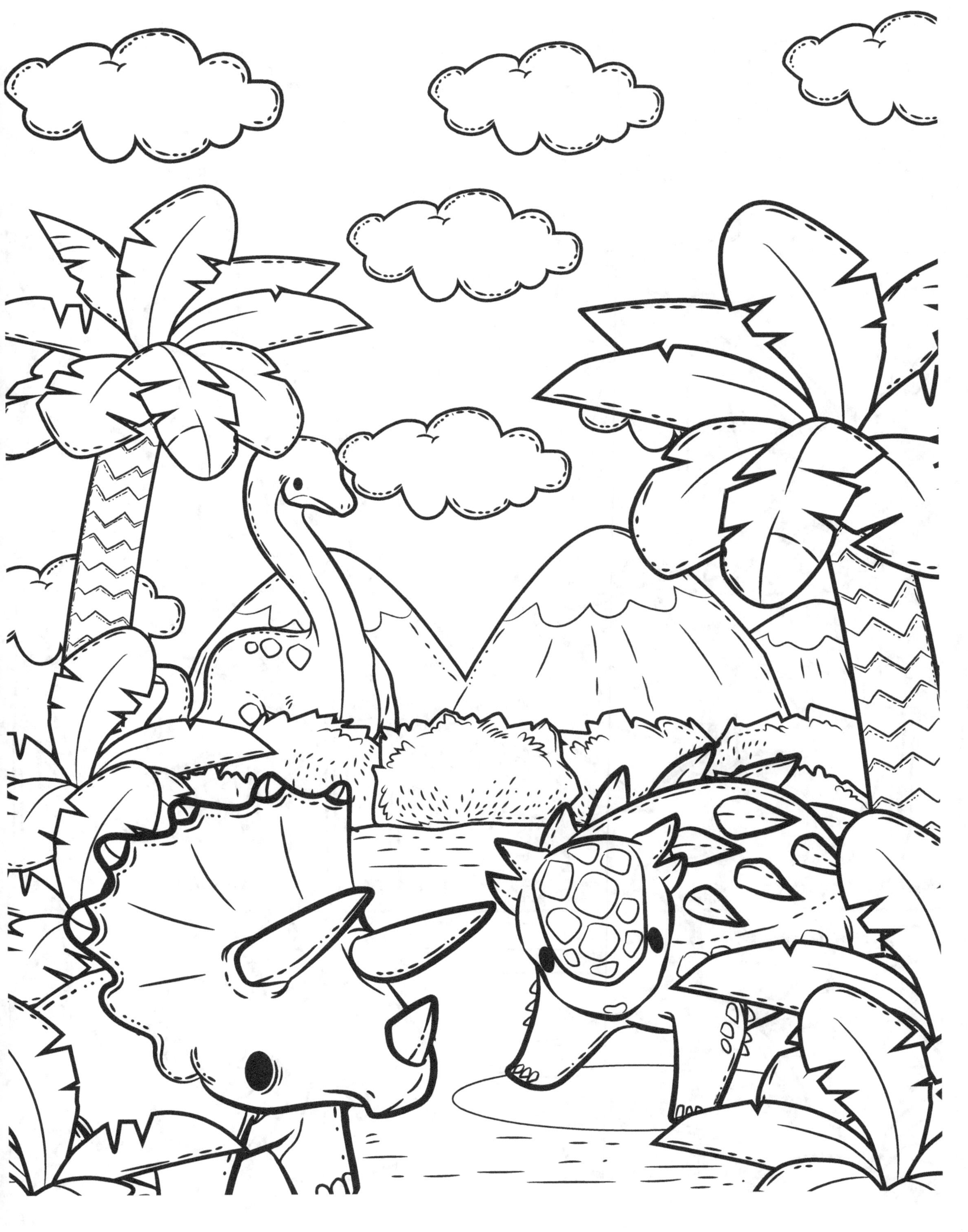

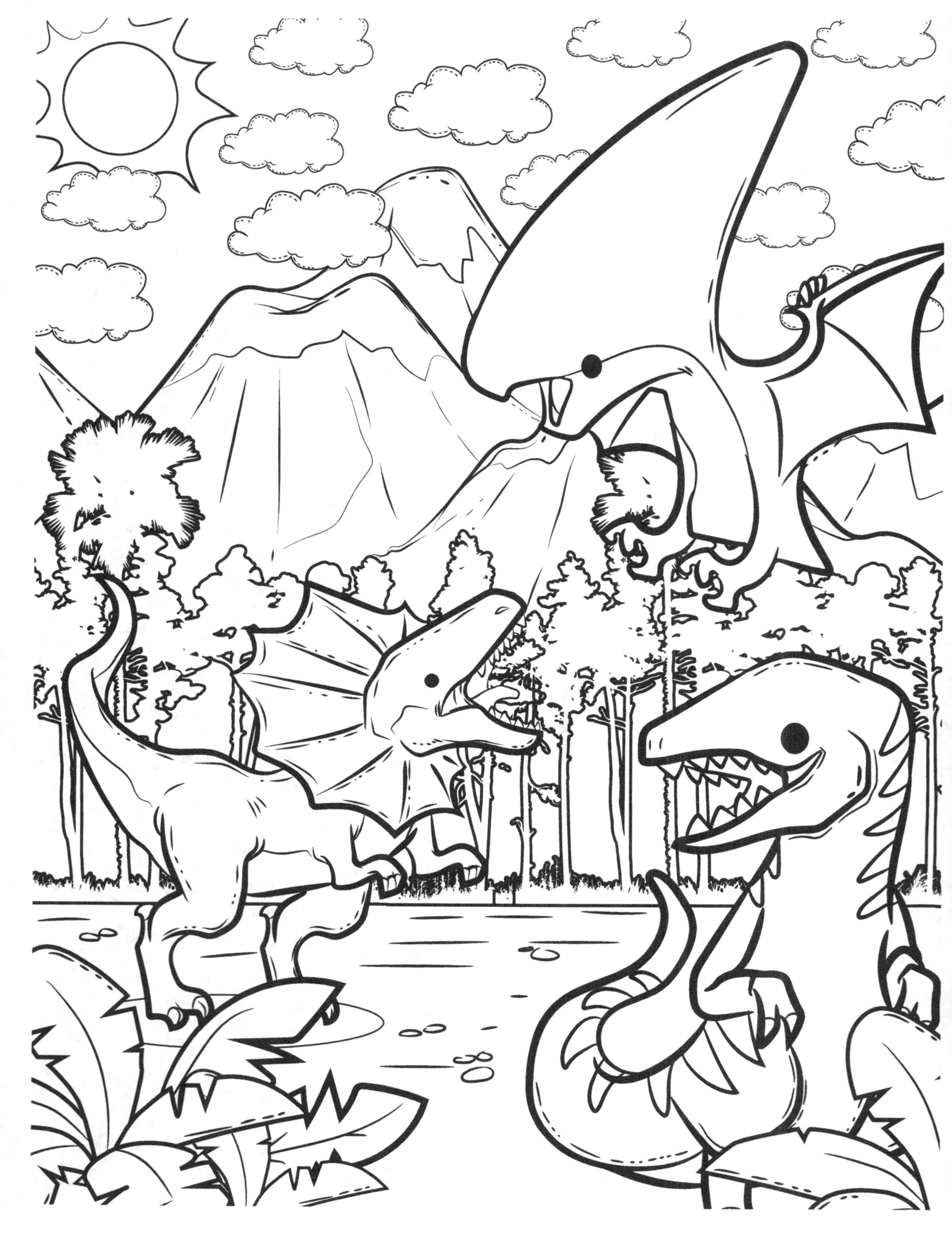

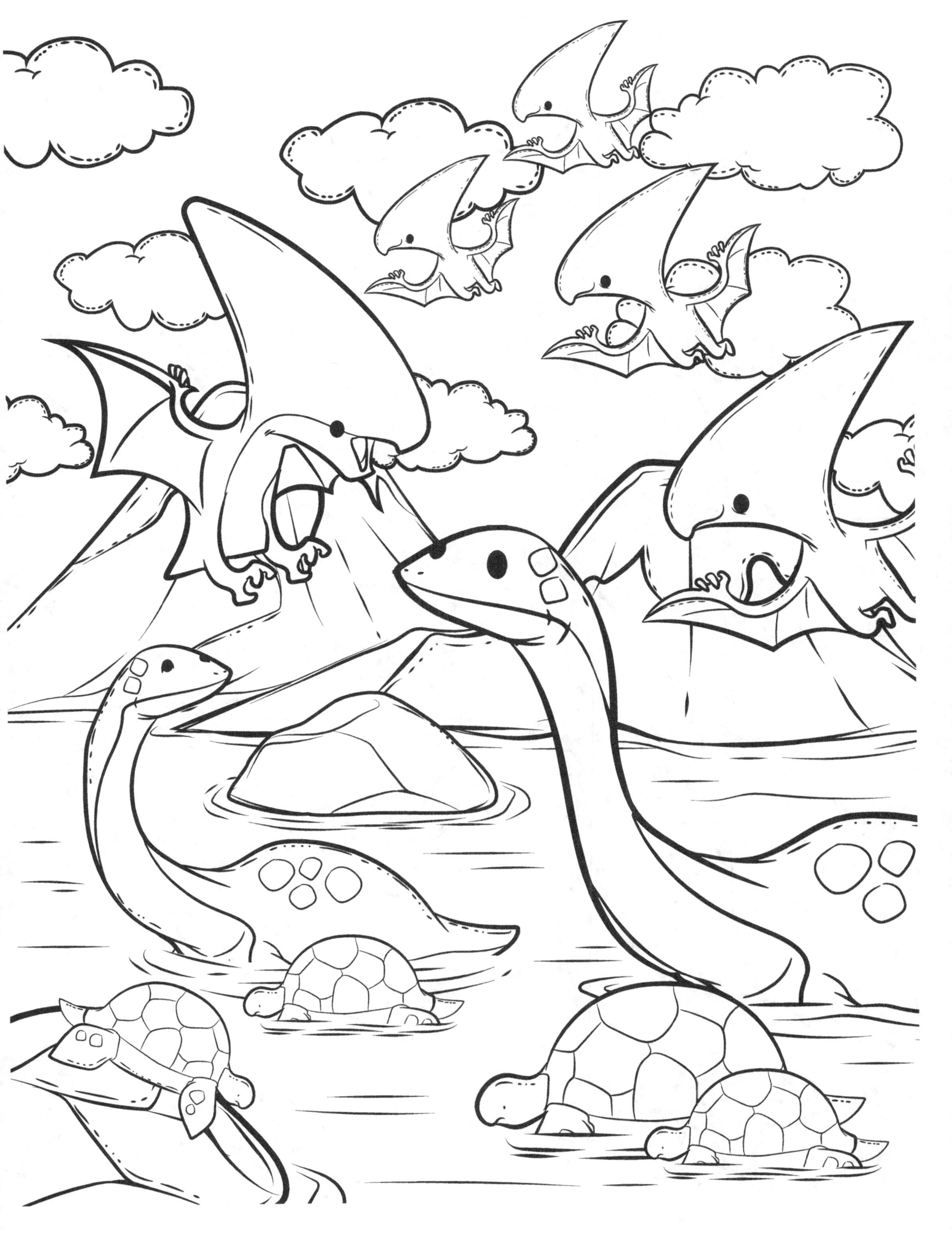

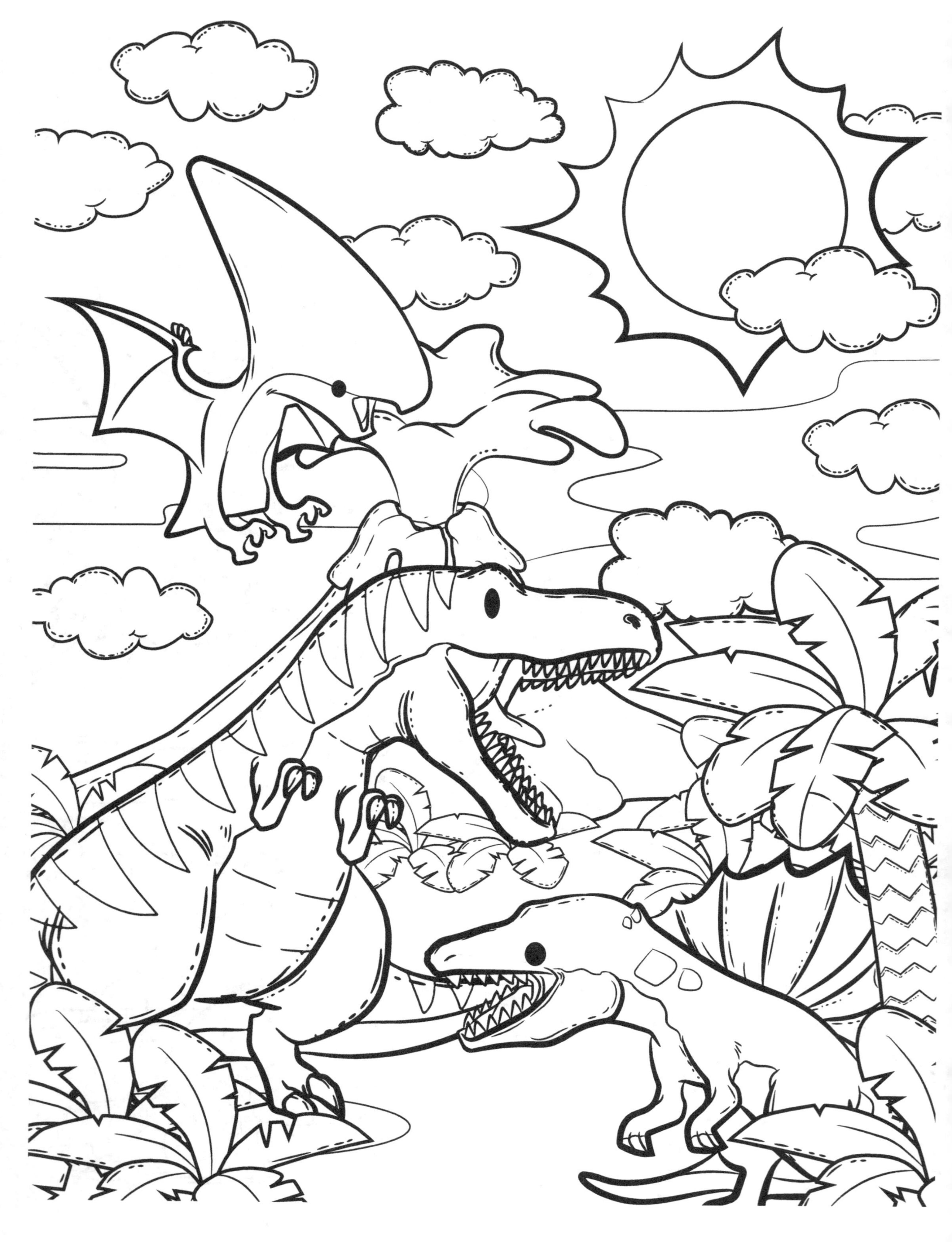

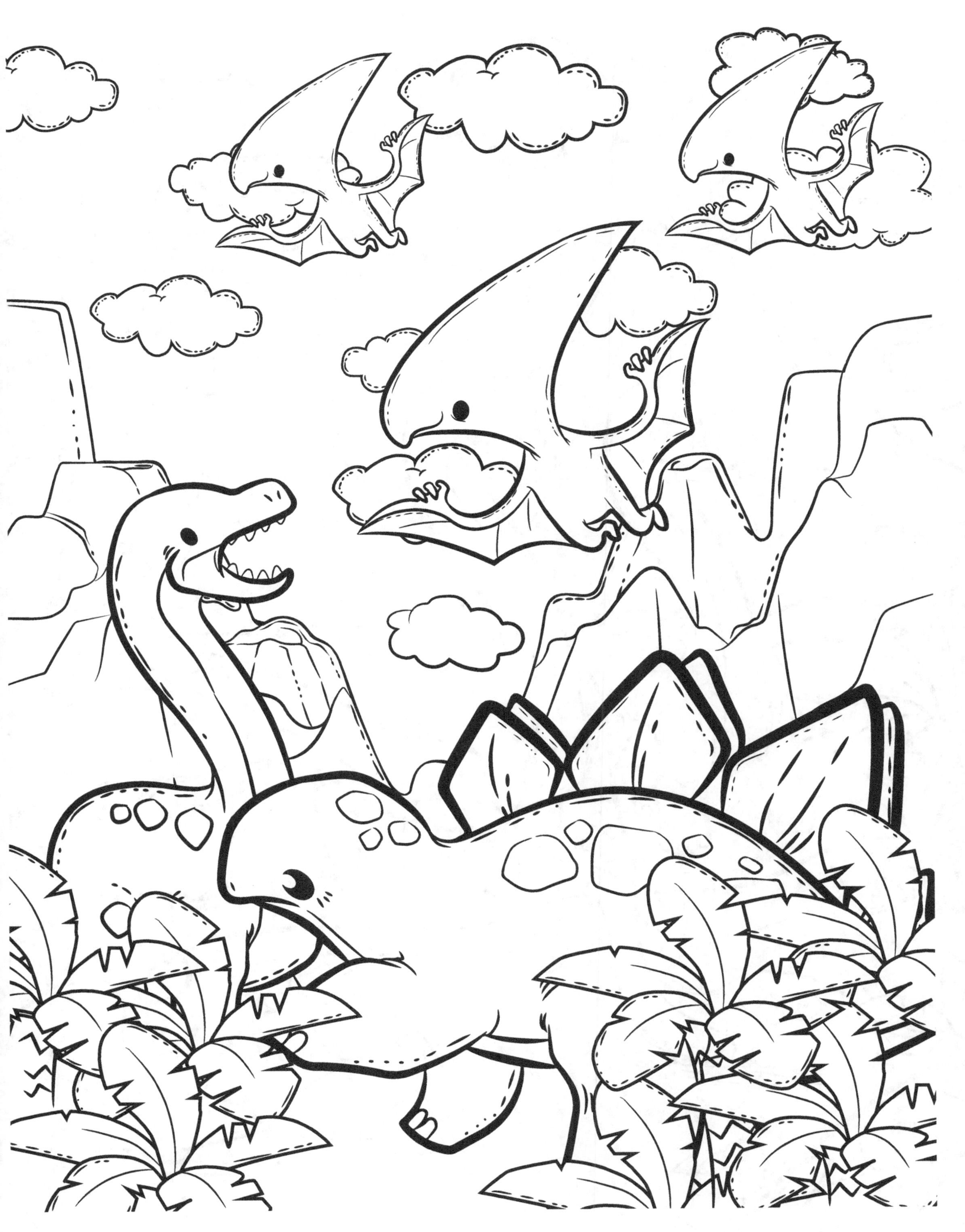

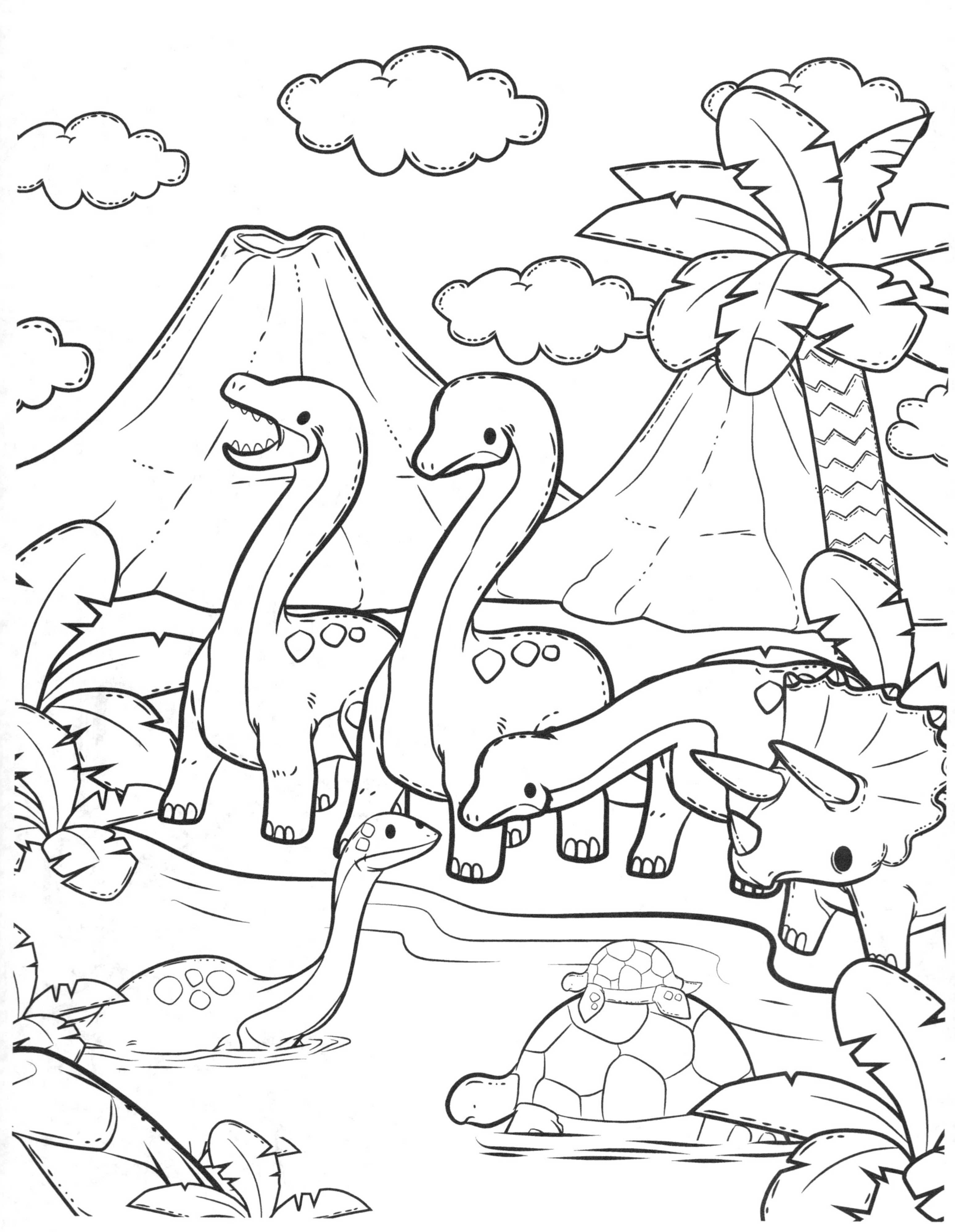

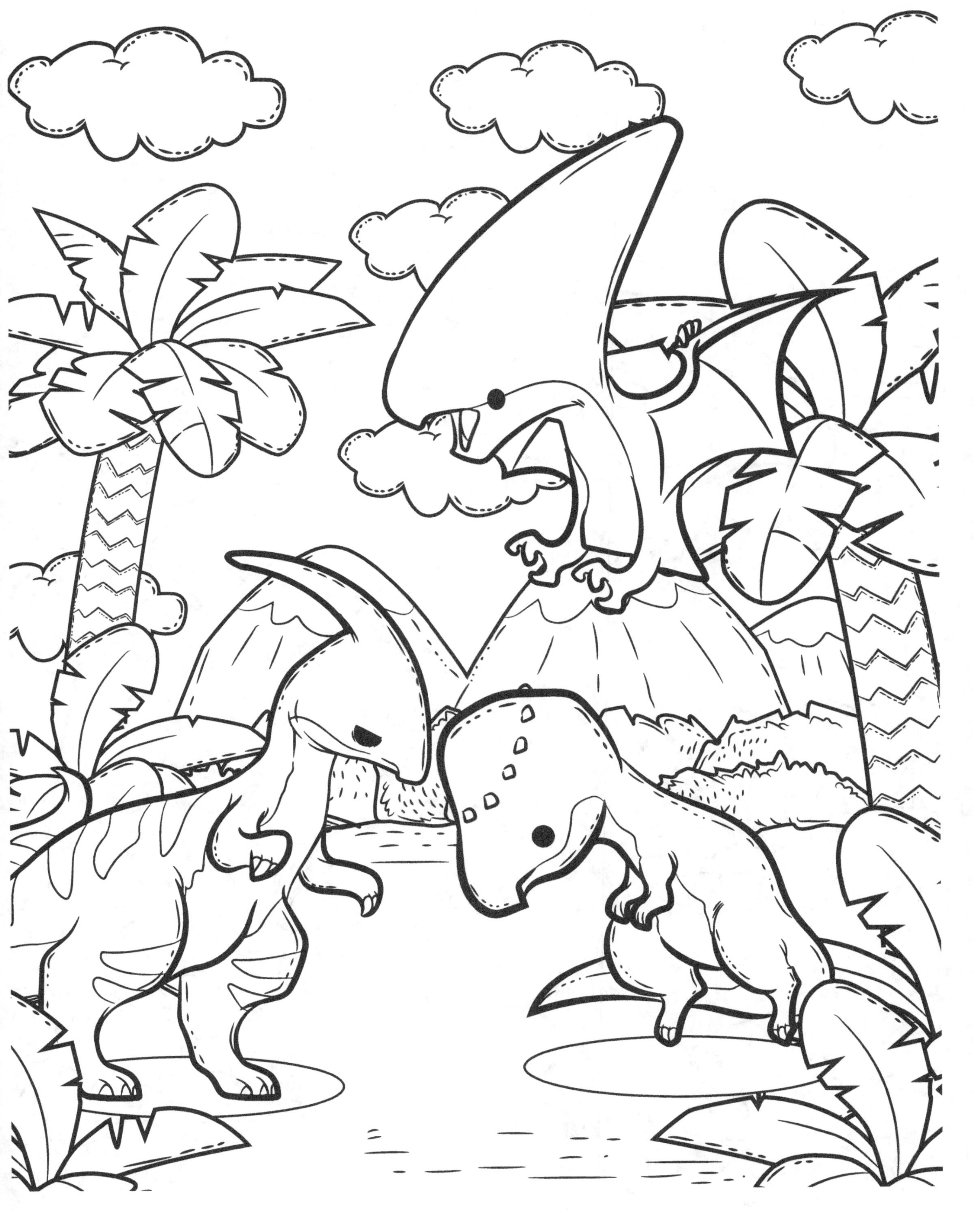

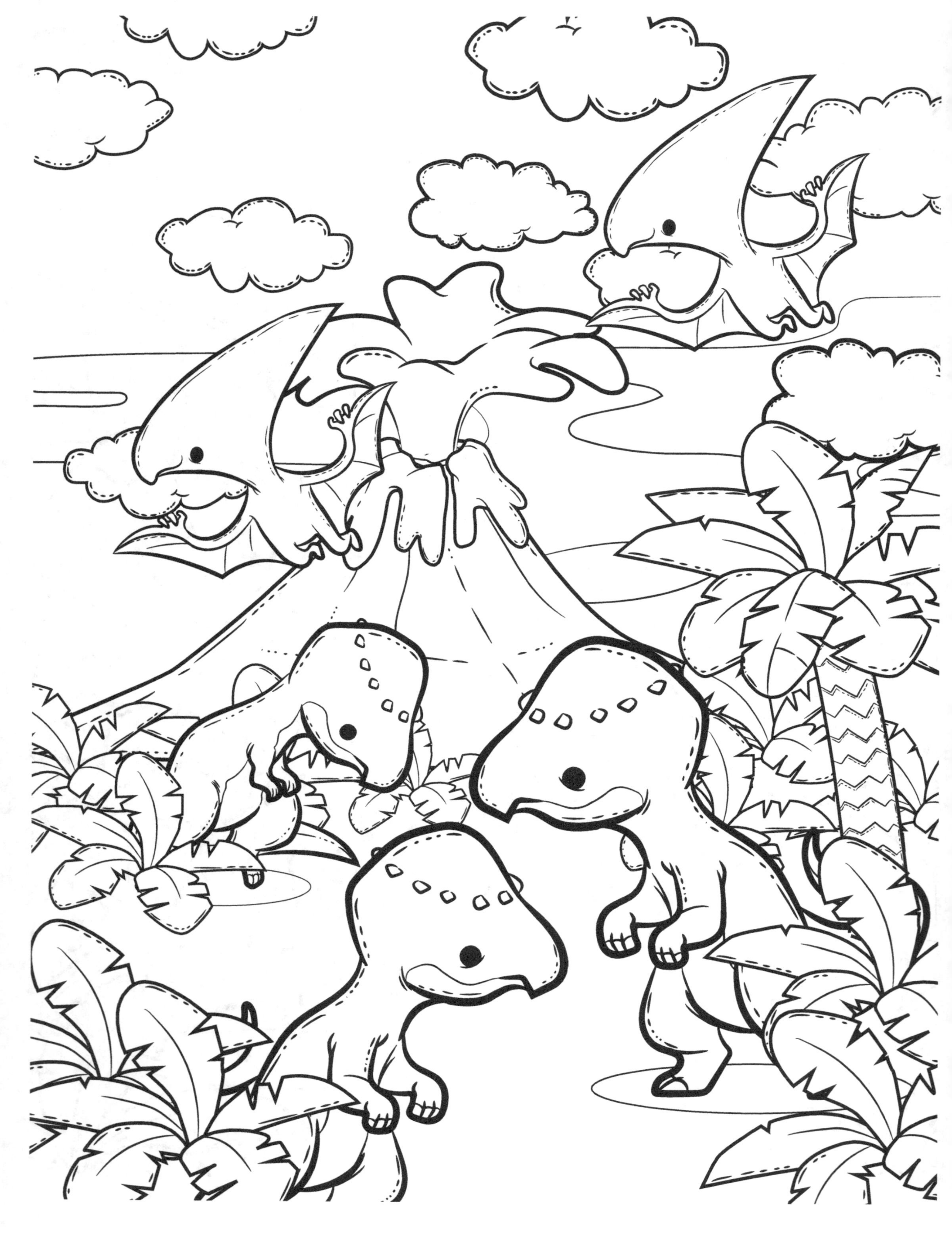

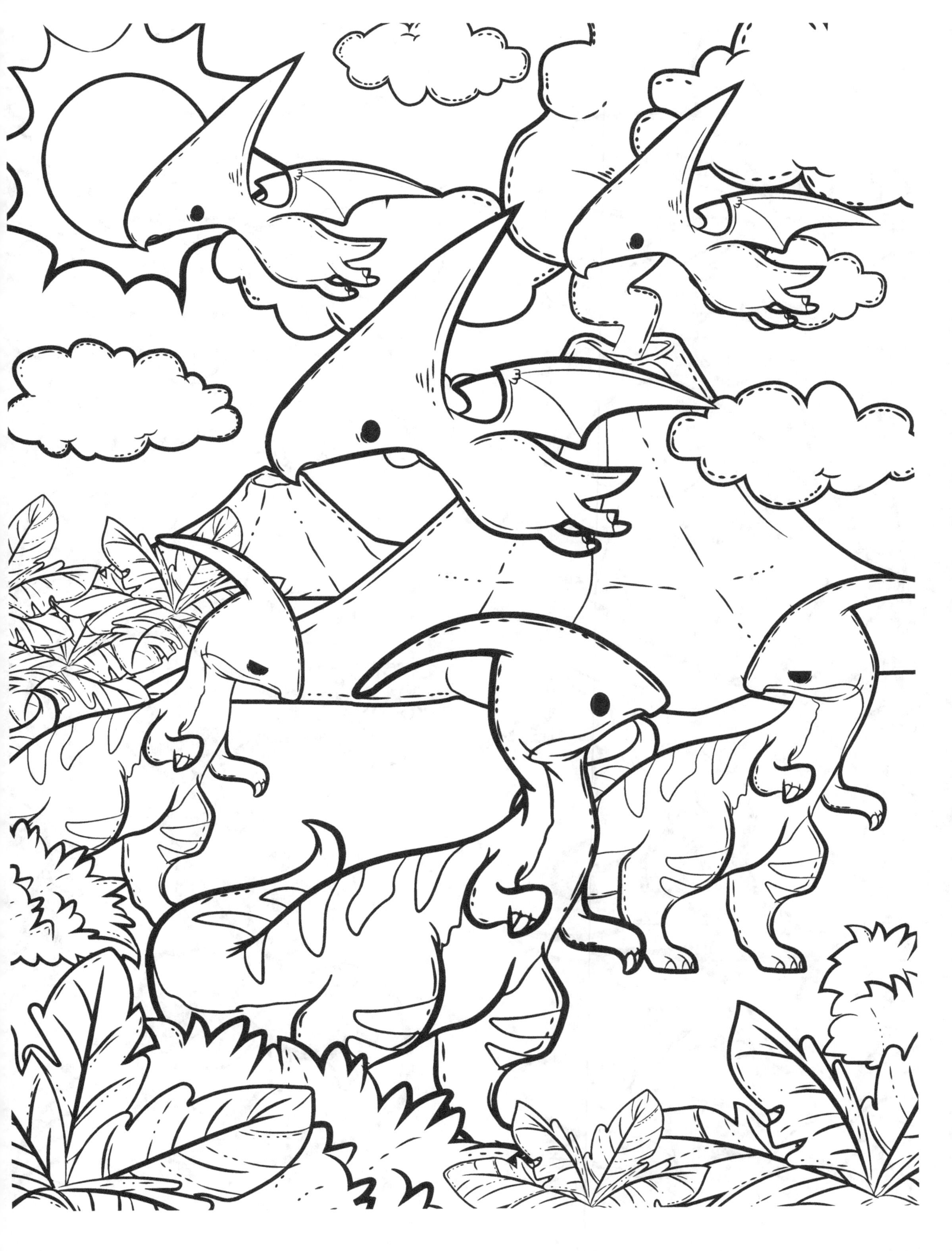

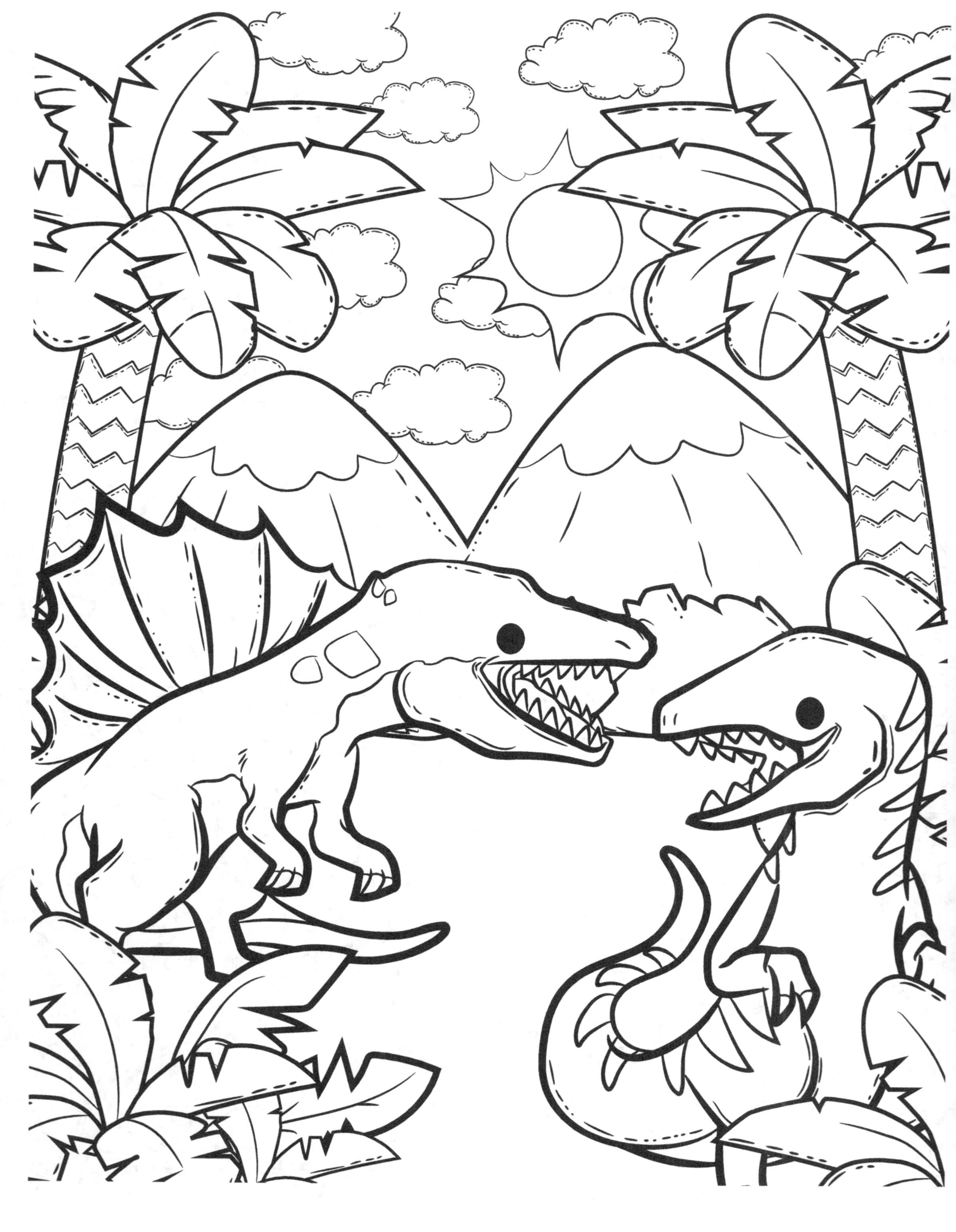

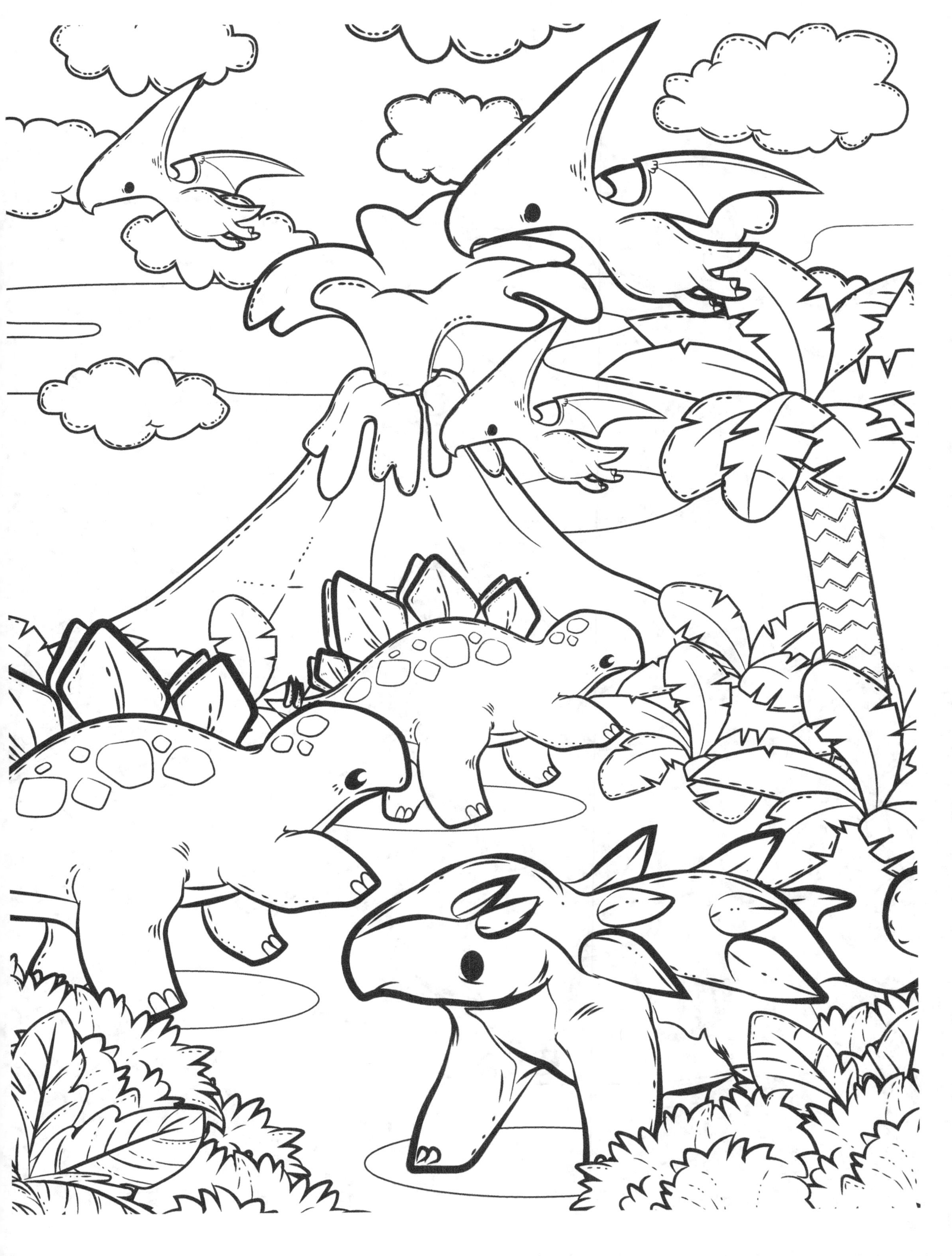

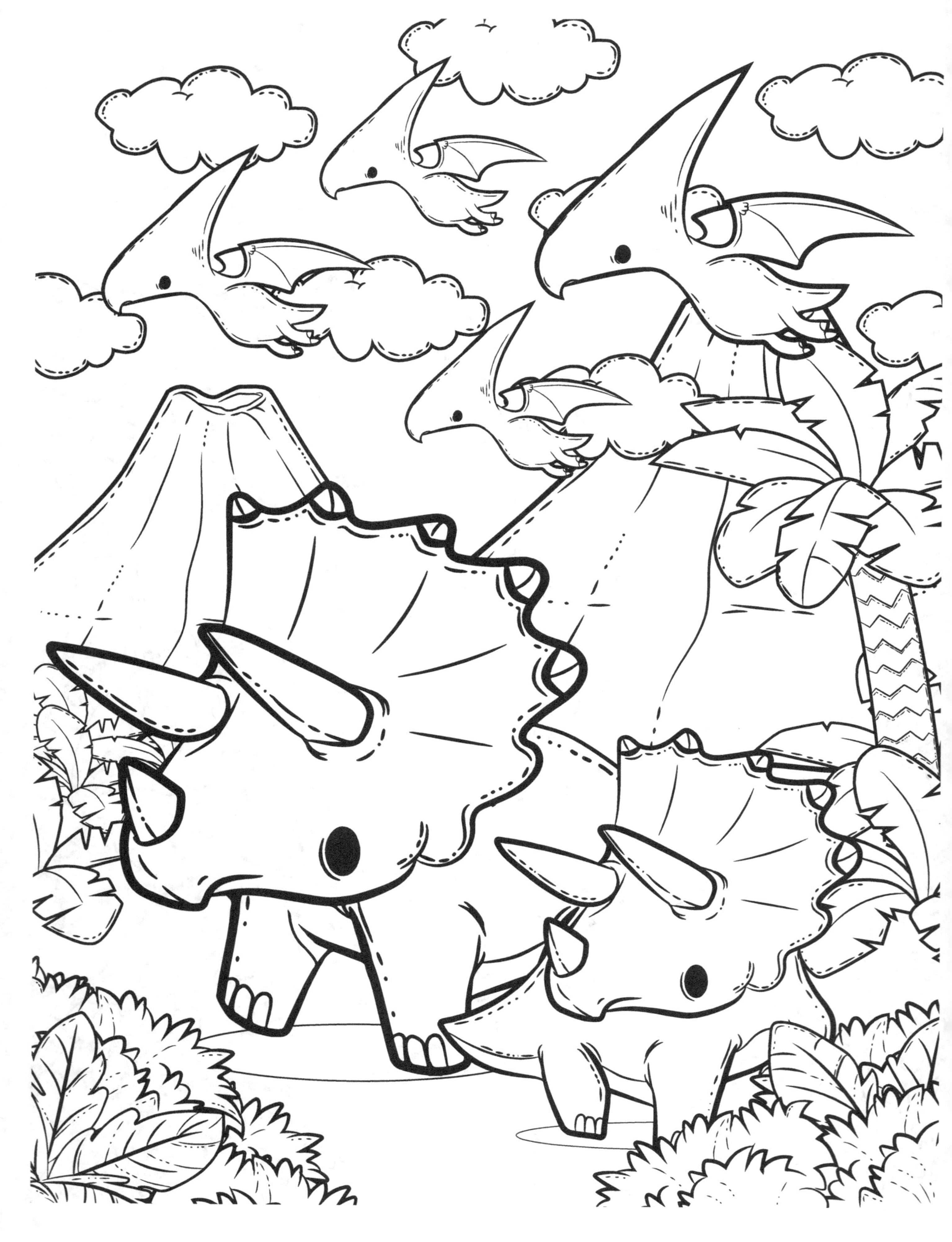

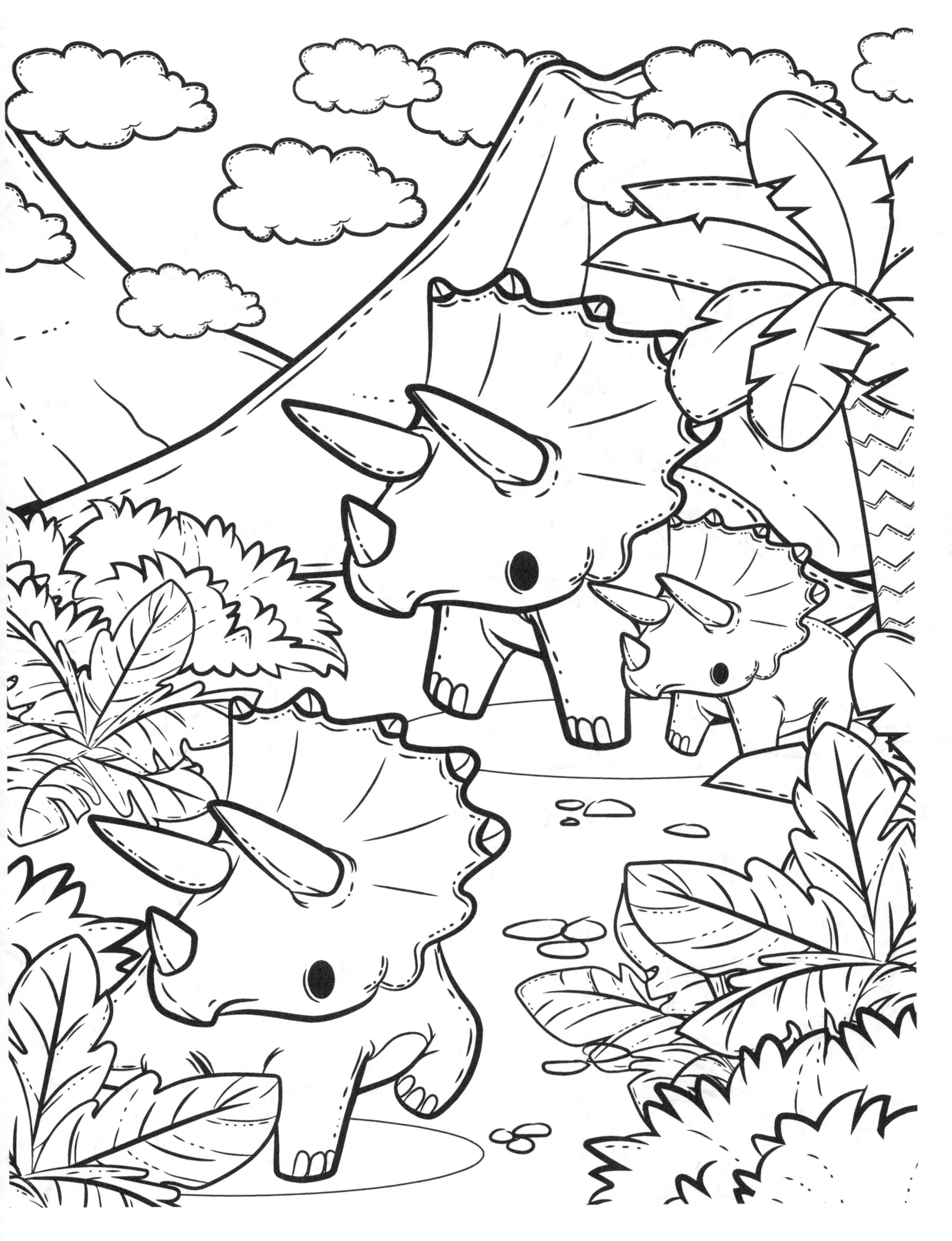

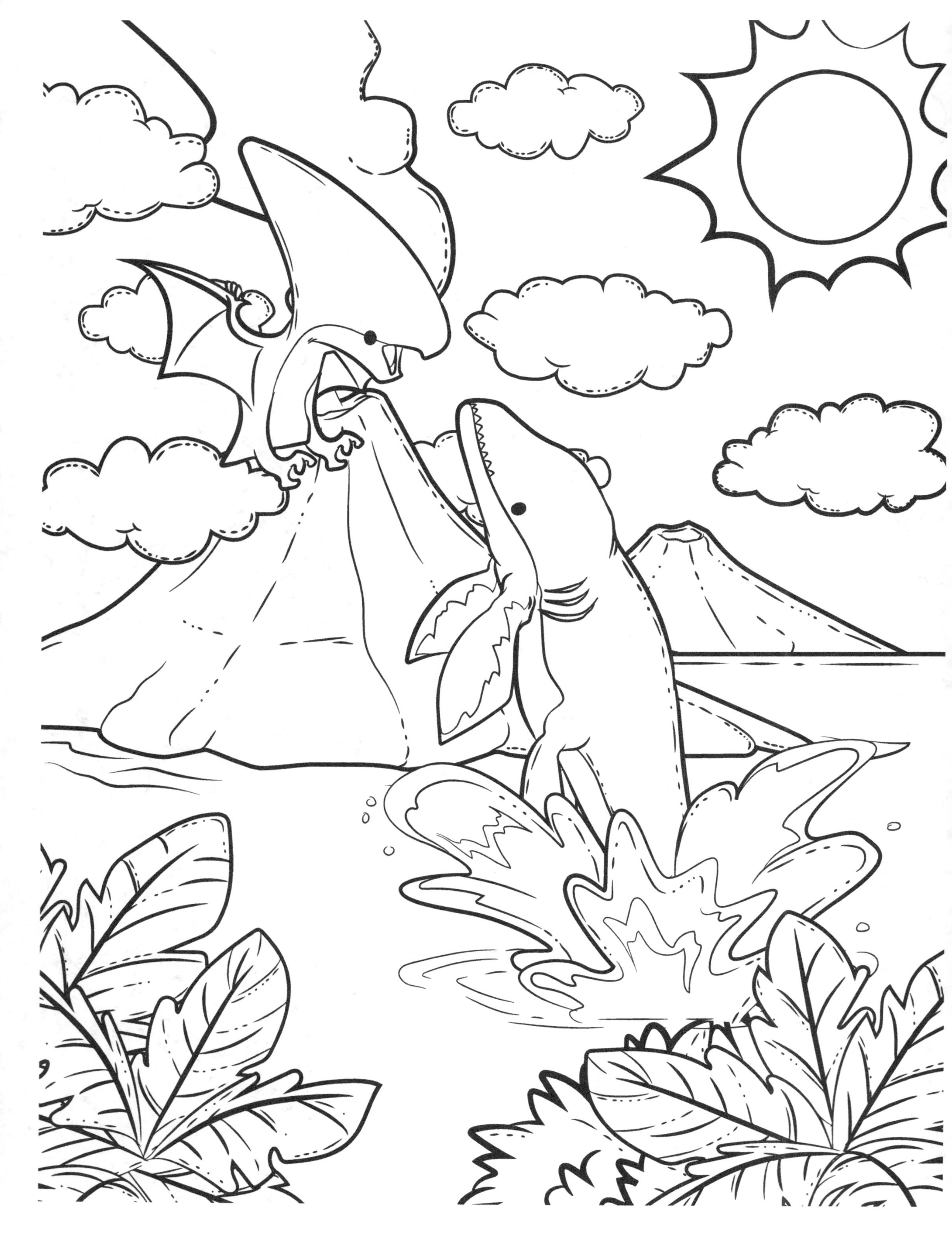

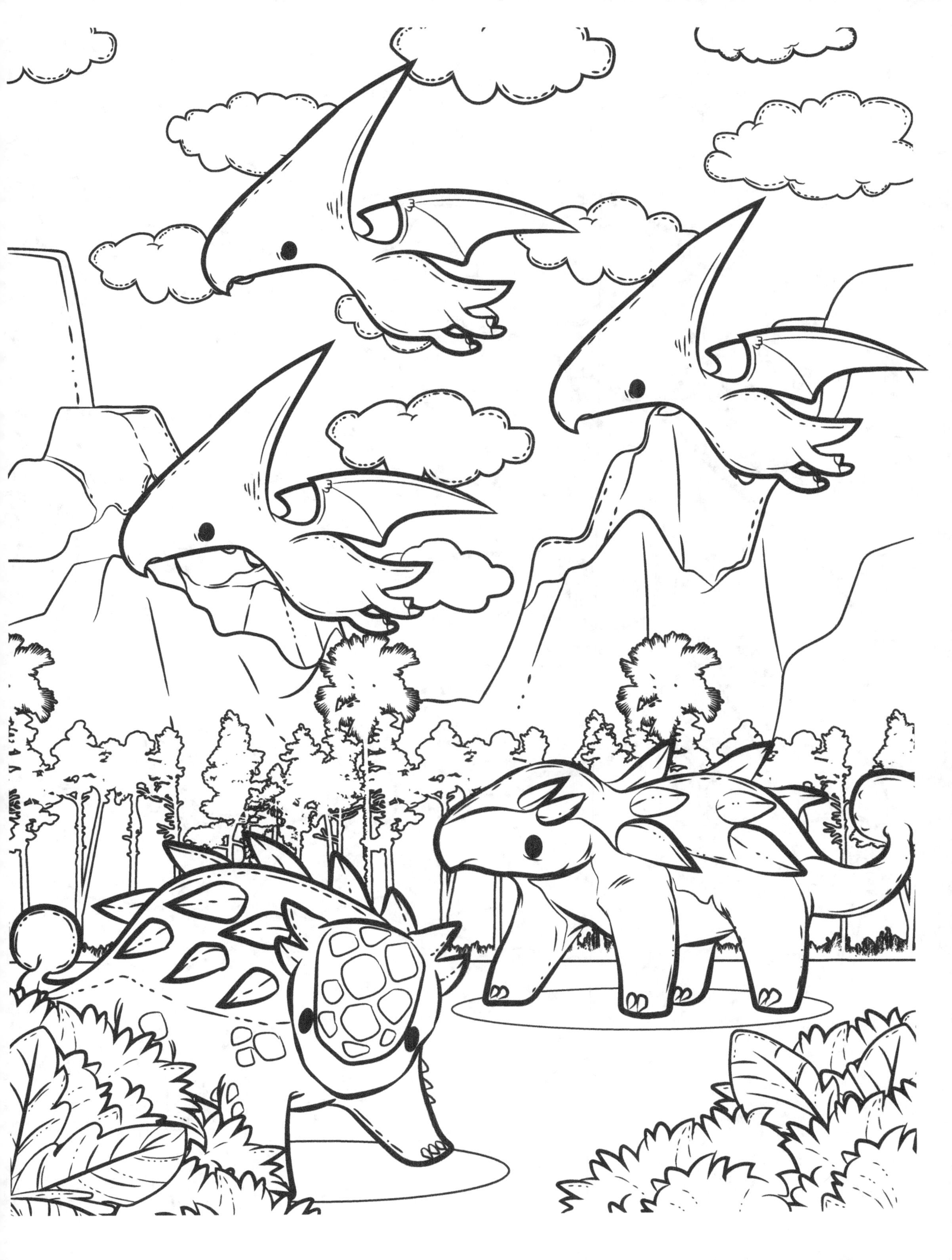

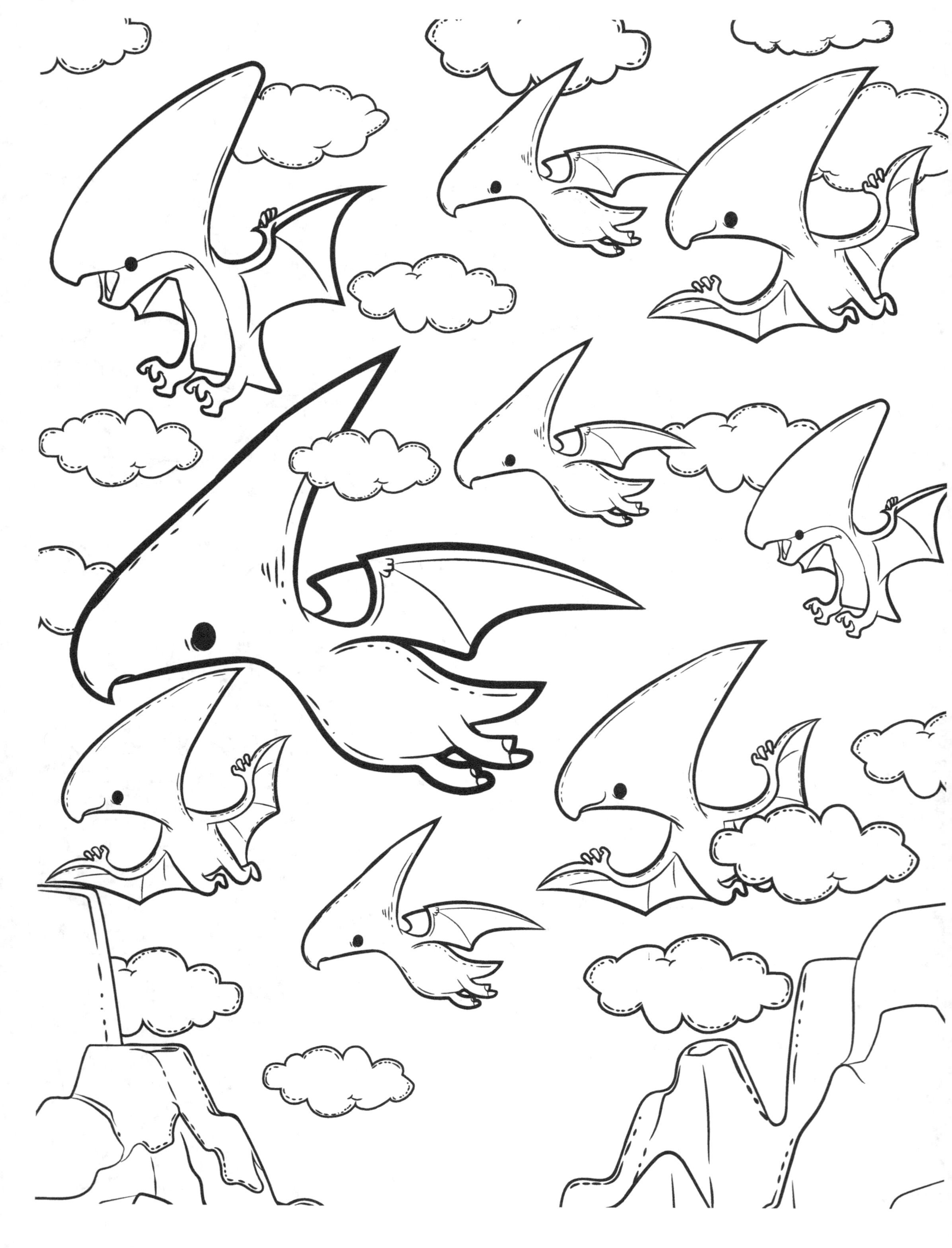

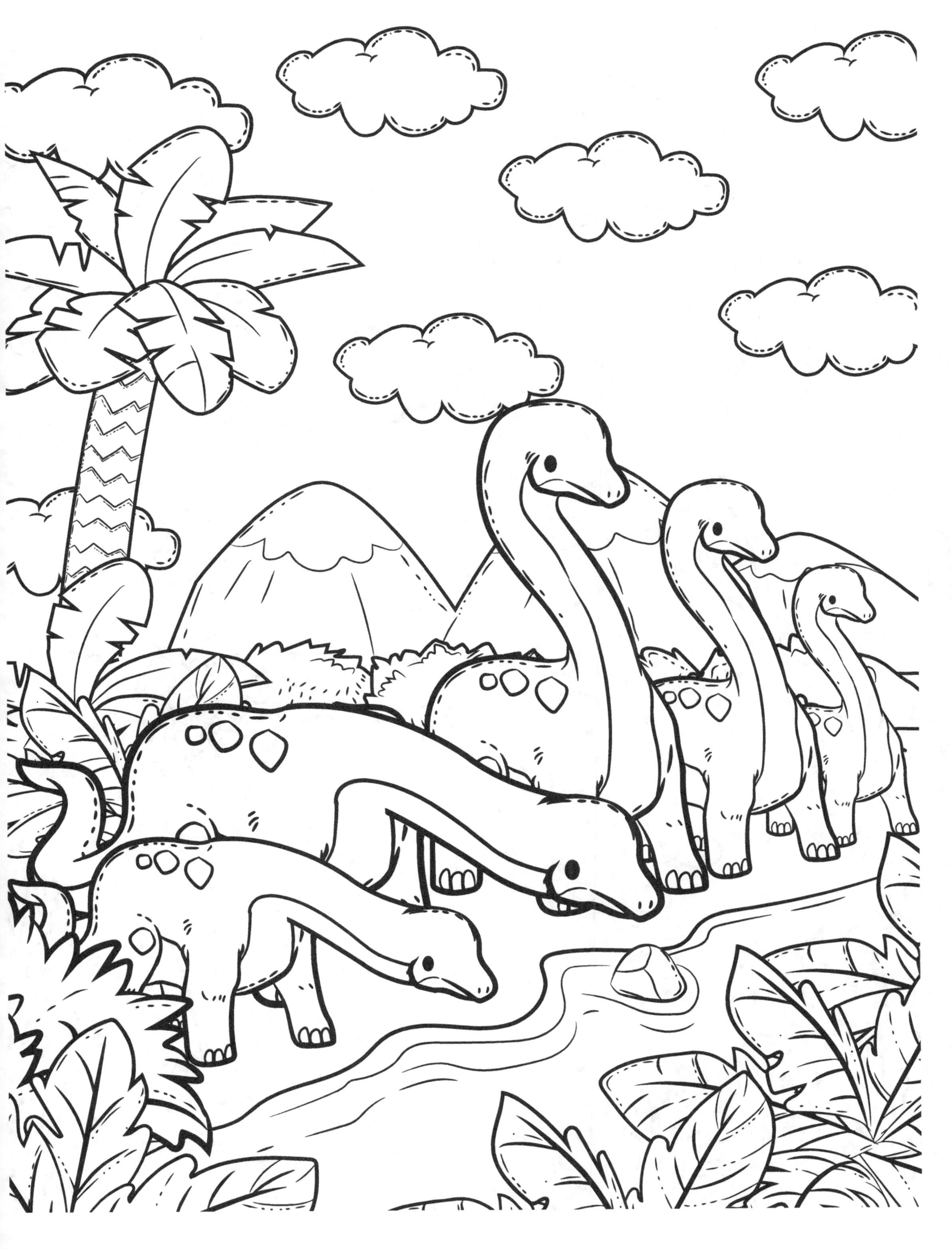

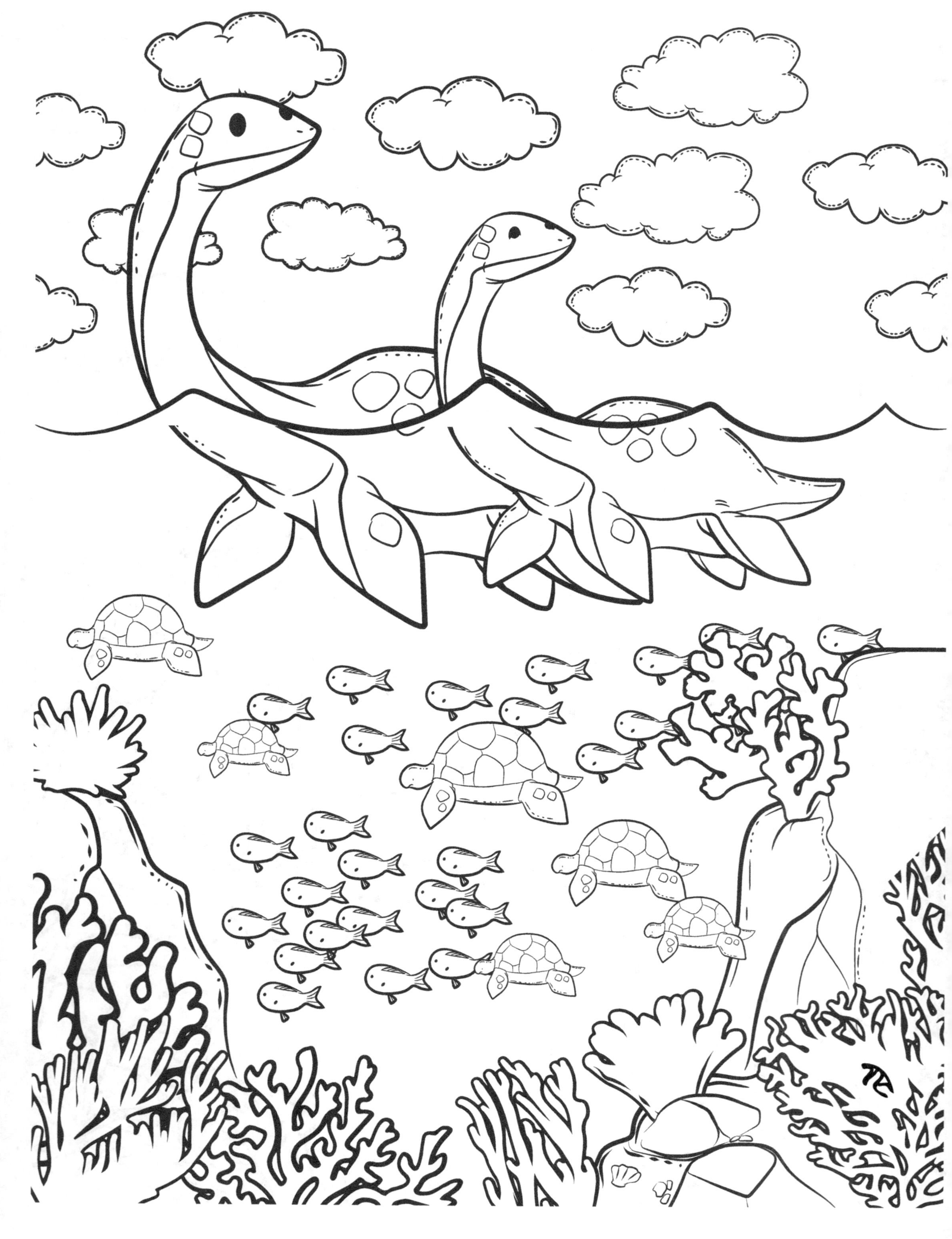

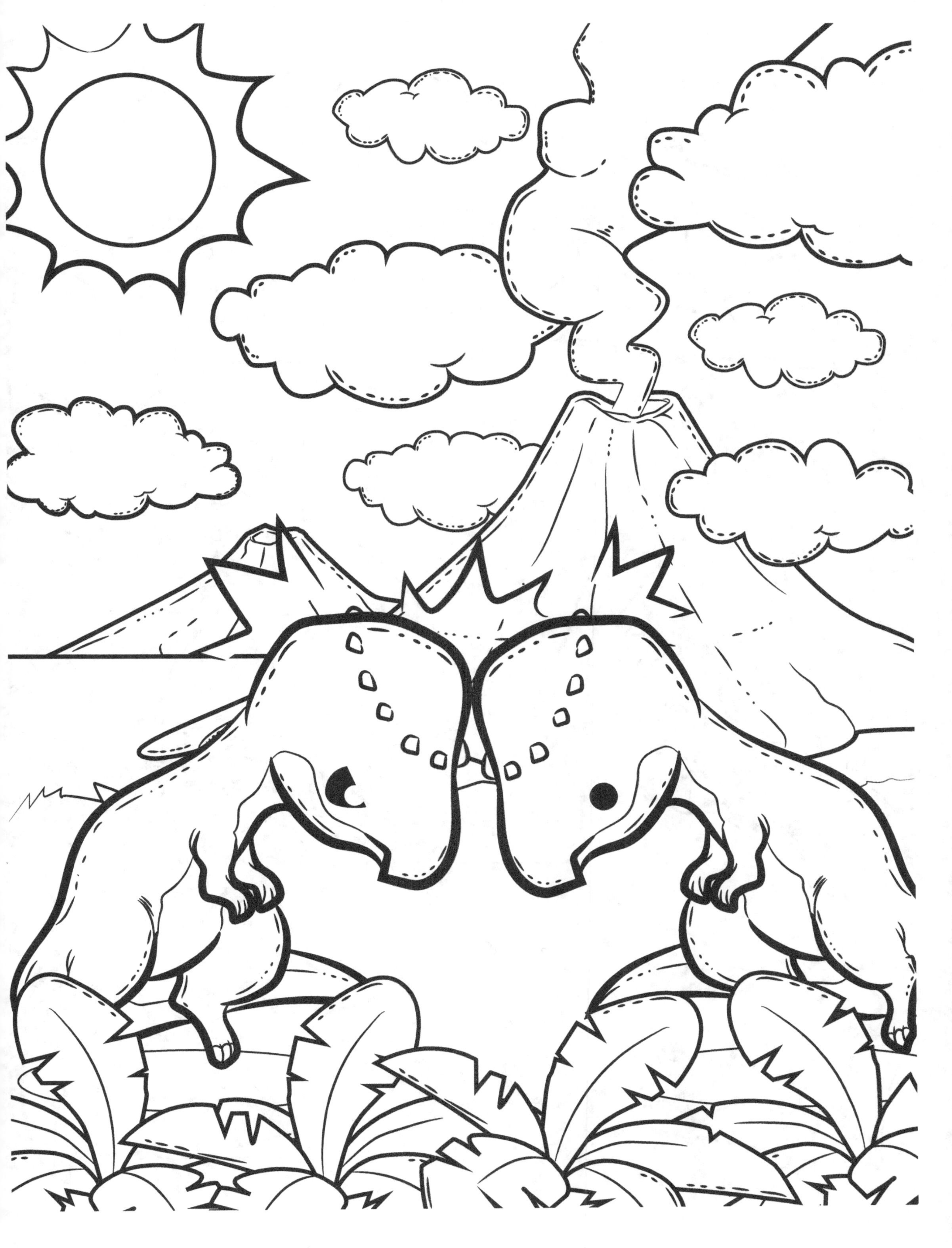

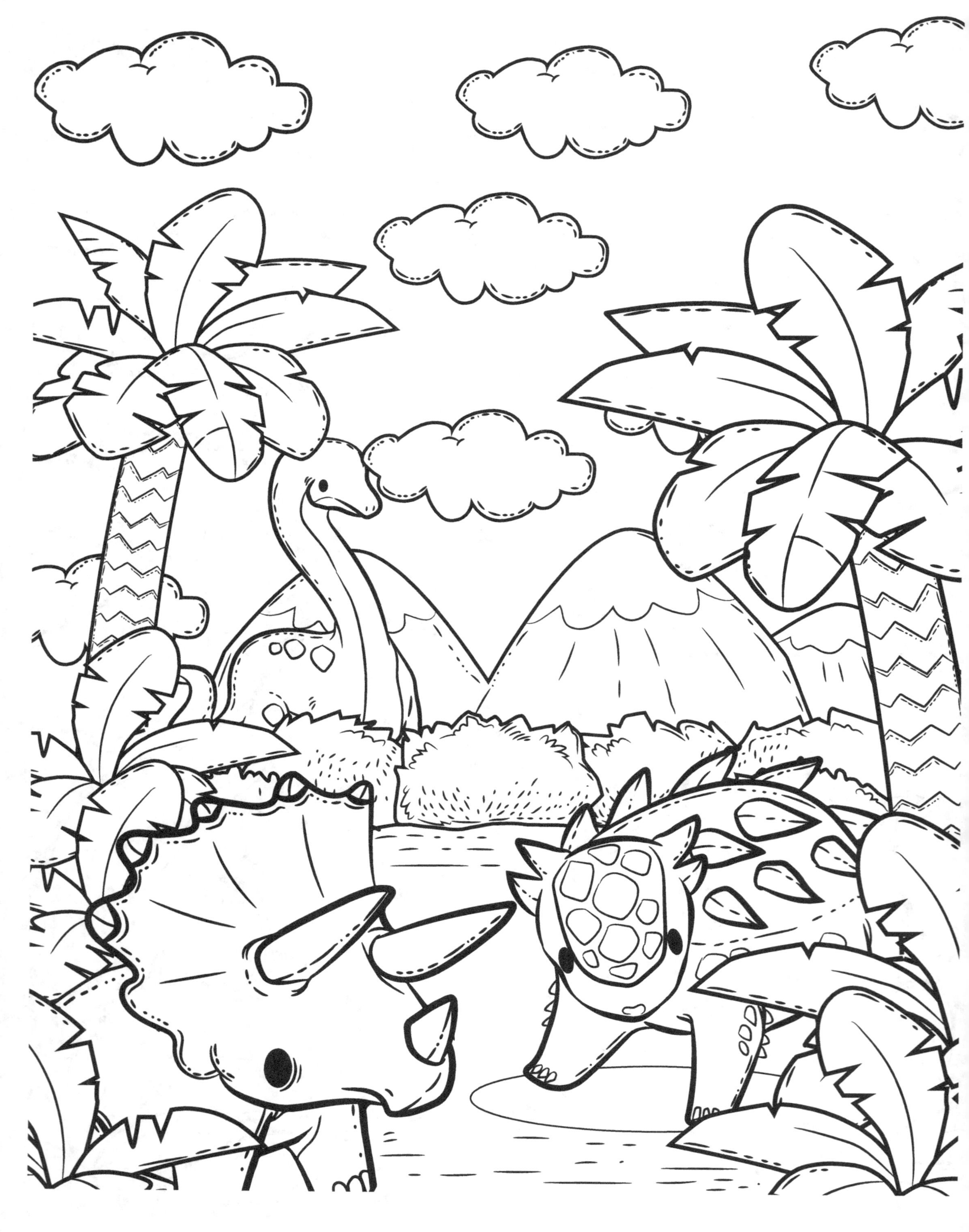